El matrimonio en el Señor

Un recurso de formación católica

Séptima edición

Leisa Anslinger
Laura Boyce-Steinhauser
Sandra Dooley
Christopher J. Ferraro
Mary G. Fox
Kim Haggerty
Frank P. Hannigan
Steven D. Monaghan
Lauri Przybysz
Lorie Simmons
William Steinhauser
Dora Tobar
Kyle S. Turner

LTP
RECURSOS
CATÓLICOS
EN ESPAÑOL

Nihil Obstat
Rev. Sr. Daniel Welter, JD
Canciller
Arquidiócesis de Chicago
21 de agosto de 2020

Imprimatur
Obispo Auxiliar Ronald A. Hicks
Vicario General
Arquidiócesis de Chicago
21 de agosto de 2020

Nihil Obstat e *Imprimatur* son declaraciones canónicas de la Iglesia, de que el libro está libre de errores doctrinales y morales. Quienes las extienden no signan el contenido, opiniones o expresiones vertidas en la obra, ni asumen responsabilidad legal alguna asociada con la publicación.

Liturgy Training Publications agradece el apoyo de las Oficinas para el Culto Divino (ODW), de Formación Continua (OLF) y de Leisa Anslinger en la elaboración de este recurso, de Brian Wells y David Petro por su acuciosa revisión y aporte en la sección financiera, y de Mary G. Fox en la sección de comunicación.

Título original: *Marriage in the Lord: A Catholic Formation Resource, Seventh Edition* © 2020 LTP: Chicago, IL. Traducción de José Castillo.

Edición: Ricardo López. Cuidado de la edición: Michael A. Dodd. Diseño: Juan Alberto Castillo. Diagramación: Kari Nicholls.

Portada de Tracy Walker; ilustraciones: encabezados y pies de página capitulares de Martin Erspamer, OSB; iconos de Juan Alberto Castillo; en páginas 16, 39, 40 y 42 de Bandelin-Dacey Studios; en página 44 de Jim Burrows; en páginas 6, 12, 25, 28, 31, 43, 44, 45, 48, 55, 60, 69, y 71 de Martin Erspamer, OSB; en página 47 de James B. Janknegt; en página 33 de Andrew Lewis © Liturgy Training Publications; en página 67 de Sheena Magnesen; en página 68 de Anna Manhart © Liturgy Training Publications; en páginas 8 y 22 de Cody F. Miller; en página 66 de Rush Photos; en página 50 de Boris Stoilov, en páginas 3, 17, 42, 43, y 45 de Kathy Ann Sullivan; en página 54 de Paula Wiggins.

25 24 23 22 21 1 2 3 4 5

Impreso en los Estados Unidos de América

Número de control de la Biblioteca del Congreso: 2020942230

ISBN: 978-1-61671-585-4

SMTL

Contenido

Preparándose al matrimonio

¡Se han comprometido! ¡Qué bendición! ¡Felicidades!

En este tiempo de su preparación, seguramente tienen muchas cosas en sus mentes y en sus corazones, especialmente, el amor que los embarga a ambos. Es bueno recordar ahora que el amor que los une como pareja es un regalo de Dios. Porque sienten que este amor del uno por el otro los desborda y los arrastra, ya pueden vislumbrar el ilimitado amor que Dios tiene por cada uno de ustedes y por toda la humanidad.

Además de comprometerse a crecer juntos en la fe en Jesucristo y a llevar una vida cristiana, el unirse en matrimonio será el compromiso y la decisión más importantes que tomen. Deténganse en esto por un momento. Aunque gran parte de su atención y energía ahora estén centrados en la boda, el tiempo que pasen orando, reflexionando, conversando y aprendiendo de las experiencias de otras personas en los próximos meses, les ayudará a llevar una vida amorosa y fructífera de matrimonio. Tal y como la decisión de seguir a Cristo les exige un compromiso continuo e implica una relación más fuerte que orienta toda su vida, en el matrimonio los dos tomarán diariamente decisiones juntos, algunas muy importantes, otras no tanto, pero cada decisión les unirá más y fortalecerá su relación matrimonial. Así es como el fruto de su amor será más fuerte y profundo, día con día. Esta es la clase de vida que el amor de Cristo nos ayuda a vivir, pero exige práctica y fundamentos sólidos. Por eso es tan importante la preparación matrimonial. Piensen en que las sesiones de este proceso son como las rocas donde se asientan los pilares de su vida matrimonial.

Un recurso a su medida

¡Este libro fue hecho pensando en ustedes! Aquí se les invita a reflexionar en las oraciones y los momentos rituales que serán parte de la celebración de su boda. La ceremonia la realizarán en presencia de Dios y serán parte de la oración de la Iglesia.[1] Las oraciones, la música, las lecturas de la Biblia y los momentos rituales nos descubren el significado que hay detrás del importante compromiso que juntos asumirán. La liturgia con sus textos, signos, símbolos y gestos forma e informa nuestra comprensión del matrimonio. Una reflexión profunda sobre estos elementos les ayudará a prepararse mucho mejor para su vida matrimonial.

Los honestos esponsales de los cristianos constituyen... un acontecimiento singular, que conviene celebrar con algún rito especial... para invocar la bendición divina.

—*Ritual del matrimonio*, 218

Las secciones de este libro van a ayudarles a obtener una visión y plan matrimonial que consiste en alcanzar un mayor aprecio del sacramento matrimonial, desarrollar las habilidades para una comunicación más adecuada y respetuosa entre la pareja, resolver conflictos y administrar las finanzas, considerar las dimensiones de la sexualidad y la intimidad en el matrimonio, hacer o renovar su compromiso para vivir juntos como discípulos de nuestro Señor, y establecer metas para una unión estable, saludable y llena de alegría en el Señor. Este libro les servirá no sólo en este momento de preparación, sino después como un diario y un recordatorio de las muchas facetas de la vida matrimonial. Vuelvan a estas páginas a menudo, especialmente en los primeros años de matrimonio, conforme su amor vaya creciendo con los altibajos naturales de la vida matrimonial.

1. Las oraciones y lecturas bíblicas empleadas en este libro pertenecen al *Ritual del matrimonio*.

Revisen el contenido y las preguntas del libro para reflexionar y fortalecer tanto su compromiso muto, como su compromiso con Dios.

El proceso de preparación

Dependiendo de su diócesis y de su parroquia, se les pedirá participar en pareja en un retiro de fin de semana o en un día de formación junto con otras parejas, como parte de su formación matrimonial. O tal vez los inviten a reunirse con alguna pareja de asesores de su parroquia, en varias reuniones de formación. También deberán reunirse con el sacerdote y con el director de música litúrgica (o con el coordinador de bodas) para preparar la liturgia de su boda. Muy posiblemente se les pida ser parte de una sesión sobre planificación familiar natural.

La preparación matrimonial no es ni una clase, ni "un trámite" que se absuelve. Más bien es un proceso de formación espiritual. Todo lo que experimenten juntos durante su preparación serán pasos para el largo camino de su vida matrimonial. Todo lo que compartan juntos en este tiempo les ayudará a formarse como pareja. Aprenderán de la experiencia de otras parejas, que tratarán muchos temas que influirán en la manera como ustedes considerarán el matrimonio; todo esto se realiza con la gracia de Dios y la presencia del Espíritu Santo.

Durante su preparación pueden surgir cosas que los sorprendan. Encontrarán temas fáciles de abordar juntos, pero también otros desafiantes. Descubrirán áreas de desacuerdo que requerirán mutua resolución; pase lo que pase, comprométanse el uno con el otro a ser abiertos y sinceros. Si lo hacen, habrán estableciendo criterios y actitudes que permanecerán con ustedes toda su vida. Por tanto, recurran a este libro una y otra vez, buscando fortalecer su vida y compromiso matrimonial.

En el centro, Cristo

Desde ahora, Cristo debe ocupar el centro de su preparación matrimonial. Ustedes pueden ser personas de mucha fe; pueden asistir a misa ocasionalmente, pero quizá raramente piensen en Dios o hablen de Dios y de la fe; tal vez estén participando en este proceso de preparación matrimonial sólo para cumplir con el requisito o para complacer a sus padres o abuelos, o porque quieren casarse en una ceremonia en la iglesia. No importa dónde se encuentren respecto a su fe; sí importa que este es un buen momento para abrir sus corazones al Señor. En realidad, ¡cada momento es bueno para hacerlo! Es bueno hacerle espacio a Dios, especialmente ahora que están sentando las bases para su vida matrimonial. Piensen en un amigo que camina con ustedes dos, con quien comparten sus días y sus noches, que los sostiene en momentos de confusión, que les da fuerzas en las dificultades y les llena sus corazones de amor. Ese amigo es Jesús; es amigo y mucho más. Si construyen su matrimonio con Cristo en el centro, nunca estarán solos. Más aún, sus vidas se llenarán de gracia, armonía y propósito, su matrimonio permanecerá anclado en el amor, más allá de lo que imaginan.

La Iglesia está aquí para servirles

Al inicio de la liturgia nupcial, a cuantos los van a acompañar se les invitará a que oren por ustedes. Imaginen su boda rodeados de familiares y amistades. Entre esos acompañantes habrá personas a quienes conocerán durante el proceso formativo, incluyendo el equipo de preparación matrimonial: parejas de apoyo, el sacerdote o diácono, quienes se han comprometido a ayudarles para poner bases sólidas para su unión matrimonial. Tal vez no conozcan a otras personas de la comunidad de fe que también los apoyan; aquellos que rezan por ustedes y los que les brindarán formación y consejo a lo largo de las etapas de la vida y de la fe. Somos una Iglesia y estamos unidos en la misma fe, amor y apoyo mutuo porque somos miembros del Cuerpo de Cristo; nos brindamos confianza unos a otros durante el proceso, sabiendo que así cumplimos con el mandato de Cristo, de amarnos unos a otros como él nos ama. No duden en comunicarse con esas personas cuando necesiten ayuda o apoyo en su matrimonio y en las circunstancias de la vida. Sepan que la Iglesia está a disposición de todos, lista para compartir con ustedes sus alegrías, que está preparada para caminar con ustedes también en tiempos de prueba y de dolor, agradecida de que ustedes son uno con nosotros en la fe.

Sus familias de origen

Cada persona es un misterio. Fuimos traídos a la vida con la chispa de nuestro Creador: somos hijas e hijos amados de Dios, dotados de dones, talentos y el profundo deseo de amar y ser amados. En su sabiduría, Dios nos creó personas moldeables por lo bueno y lo malo, por la luz y la oscuridad. En la niñez, fuimos particularmente influenciados, formados y marcados por las circunstancias y las personas con quienes crecimos y nos desarrollamos. Cual esponja, hemos absorbido los comportamientos y actitudes de las personas que nos rodeaban.

Ahora, el misterio de cada uno de ustedes, traído al mundo por Dios, con sus aspectos postivos y sus posibilidades ilimitadas, ha sido templado y moldeado por la familia en que cada cual creció. Ahora cada uno busca unirse al misterio de otra persona también creado por Dios, amable y con infinitas posibilidades, templado y moldeado por otra familia. Cuando niños, no se daban cuenta de cómo estaban siendo formados. Pero ahora en el umbral de iniciar una nueva familia, se les pide a los dos reflexionar sobre el misterio de quiénes son y cómo han llegado a ser estas personas particulares, con deseos de amar y ser amados.

Las expectativas, deseos, actitudes y las formas de comunicación de cada uno, así como sus posiciones en cuanto a dinero, sexo, crianza de niños, relaciones con la familia extendida y mucho más, provienen de su familia de origen y serán parte importante en el modo de llevar su nueva vida matrimonial. Todos estos elementos forman parte del propio yo, que cada cual disfrutará, pero que también trabajará por honrar. Muy pronto se van a comprometer a "amarse y respetarte todos los días de su vida",[1] lo que implica valorarse mutuamente, con todo lo que son y tienen. El considerar sus expectativas y actitudes, de dónde vienen y cómo manejarlas, les ayudará a poner una base firme para desarrollar su relación de pareja en adelante. Ustedes van a recibir la gracia necesaria para esta obra santa.

1. Cf. *Ritual del matrimonio*, 62.

Conversación de la pareja

Es muy importante que tu futuro cónyuge tenga una buena idea de cómo fue crecer en tu propia familia, ya que estas experiencias y valores compartidos influirán en su vida matrimonial. En un lugar privado, tranquilo y seguro, date tiempo para pensar y reflexionar en tus respuestas a las siguientes preguntas; luego, reúnete con tu pareja para compartir los propios puntos de vista y experiencias.

1. Usa tres palabras o frases para describirte.
2. Usa tres palabras o frases que otros usarían para describirte.
3. Piensa, ¿tiendes más hacia lo extrovertido o hacia lo introvertido? ¿Te sientes a gusto en compañía de otras personas, o necesitas tu propio espacio para sentirte a gusto?
4. ¿Cuáles son tres cosas que aprecias de ti?
5. ¿Cuáles serían tres cosas que cambiarías de ti?
6. Describe el evento más significativo de tu vida.
7. Piensa en una persona significativa en tu vida. ¿Qué hace a esa persona tan significativa para tí?
8. Mi familia está formada por (nombra las personas que integran tu familia inmediata y tu familia extendida).
9. Describe la proximidad o cercanía de tus familiares: ¿Viven cerca? ¿Viven lejos, dispersos por el país o por el mundo?
10. ¿Qué importancia tiene la religión en tu familia? ¿Rezan juntos regularmente? ¿Van juntos a la iglesia?
11. Piensa en tu relación con tu familia. ¿Te sientes cerca de tus familiares? ¿Hay dificultades? ¿Son flexibles o inflexibles los miembros de tu familia?
12. ¿Provienes de una familia estable o inestable? ¿Hubo discordias? ¿Divorcios? ¿Separaciones?
13. ¿Has convivido con niños menores de diez años? ¿Cuidaste a otros niños? ¿Tienes hermanos? ¿Eres hija o hijo único?
14. Los desacuerdos y los argumentos son normales en todas las familias. ¿Cómo se hablan las cosas en tu familia?, ¿a gritos o buscan dialogar? ¿Hay alguien en la familia que siempre da su brazo a torcer?
15. ¿Cómo manejan situaciones o asuntos estresantes, los miembros de tu familia?
16. ¿Alguna vez tu familia ha sufrido una pérdida significativa? (Muerte, incendio, problemas de dinero). ¿Cómo se resolvió la situación?
17. ¿Qué tan difícil ha sido contar con dinero o conseguirlo en tu familia?
18. ¿Quién asumió la responsabilidad de proveer y sostener tu familia? ¿Es una responsabilidad compartida?

Continúa... ▶

19. ¿Cómo fuiste corregido en tu niñez? ¿Vas a integrar estos mismos métodos en tu vida familiar futura?
20. ¿Hubo algún abuso físico o mental en tu familia? ¿Había alcohol o drogas?
21. Describe las condiciones del hogar de tu infancia y las de donde vives ahora (ordenado, desordenado, impecable, acogedor, etc.).
22. ¿Qué temperatura prefieres: cálida, templada o fría?
23. ¿Cómo celebra tu familia los cumpleaños y días festivos? (Piensa también en celebraciones tradicionales como alguna fiesta patronal, el Día de los Muertos, el Día de Acción de Gracias y la Navidad).
24. ¿Es la política un tema común de conversación en tu familia? ¿Surgen opiniones polarizadas, opuestas o más comunes entre los familiares?
25. ¿Qué tradiciones religiosas o sociales fueron importantes para tu familia?
26. ¿Está tu familia inmediata o extendida activamente presente en tu vida?
27. ¿Qué aspectos de tu vida familiar te gustaría integrar a tu matrimonio?
28. ¿Qué aspectos de tu vida familiar no quieres que sean parte de tu matrimonio?
29. ¿Ha sido la religión parte importante de tu vida familiar?
30. ¿Han sido los animales parte de la familia? ¿Por qué sí o por qué no?
31. ¿Qué papel ha jugado la cultura en tu vida familiar? ¿De qué manera?
32. ¿Has tenido alguna otra relación significativa? ¿Te has enamorado antes? ¿Te has comprometido en matrimonio anteriormente? ¿Te has casado antes? ¿Por qué terminó la relación? ¿Qué aprendiste de ti en esa relación? ¿Cómo impactó tu vida?
33. ¿Hay alguna historia que te gustaría compartir con tu futuro cónyuge para que él o ella tenga una mejor idea de tu propia vida familiar y cómo creciste?
34. Según tus propias experiencias, ¿qué expectativas tienes para tu vida matrimonial?

    Piensa en los siguientes temas:

    - Ir a misa y rezar juntos en familia
    - Carrera profesional antes de tener niños y después
    - Tiempo para pasar juntos
    - Responsabilidades financieras
    - Responsabilidades de limpieza, lavandería y reparaciones domésticas
    - Número de niños
    - Animales
    - Ubicación (compra de casa, alquiler, reubicación)
    - Tradiciones familiares, celebración de fiestas
    - Relación con los suegros

El amor es comprensivo,
el amor es servicial y no tiene envidia;
el amor no es presumido ni se envanece;
no es grosero ni egoísta;
no se irrita ni guarda rencor;
no se alegra con la injusticia, sino que goza con la verdad.
El amor disculpa sin límites,
confía sin límites,
espera sin límites,
soporta sin límites.
El amor dura por siempre.

1 Corintios 13:4–8

Sesión 1

El significado del matrimonio cristiano

La conexión litúrgica

Imagínense la ceremonia de su boda. Ustedes acaban de intercambiar su consentimiento, o sea, sus votos matrimoniales, luego el sacerdote o el diácono les dice:

> El Dios de Abraham,
> el Dios de Isaac,
> el Dios de Jacob,
> el Dios que unió a nuestros primeros
> padres en el paraíso
> confirme este consentimiento mutuo
> que ustedes han manifestado ante la Iglesia
> y, en Cristo, les dé su bendición.
> Por tanto, lo que Dios ha unido,
> que no lo separe el hombre.[1]

Este bello texto dice mucho sobre lo que creemos que sucede cuando una mujer y un varón se unen en matrimonio. Dios, que es amor y los creó en su amor y por amor, los une. El día de su matrimonio declararán que se comprometen a vivir en amor por el resto de sus vidas. Este amor es más que un sentimiento de felicidad o satisfacción, aunque el amor incluye estas emociones. El tipo de amor al que se comprometen es uno profundo y duradero, que va mucho más allá de la atracción. Este amor los guía al reino de lo sagrado. El día de su boda, cuando escuchen esta oración, sabrán que Dios permanecerá con ustedes durante su vida matrimonial.

El matrimonio es un sacramento

Los sacramentos de la Iglesia Católica son la forma primaria donde encontramos la gracia de Dios, donde nos volvemos uno con Cristo, y Cristo fortalece nuestra relación con Dios y la del uno con el otro. Nuestra participación en el sacramento de la Eucaristía, semanal o diaria, nos ayuda a asemejarnos a Cristo. Hay siete sacramentos en la Iglesia que se celebran en importantes momentos de nuestra vida: el del bautismo, por ejemplo, celebra nuestra nueva vida en Cristo y el hecho de que somos hijos de Dios; el de la Confirmación es una celebración de la venida y presencia del Espíritu Santo a nuestra vida y la reconciliación reestablece nuestra relación quebrantada con Dios.

Una de las muchas razones por las que se les ha pedido participar en la preparación matrimonial es que los católicos entendemos que el matrimonio es un sacramento entre dos personas bautizadas. Es muy importante valorar la naturaleza sacramental del matrimonio y lo que esto significa para su vida matrimonial. Un sacramento es un signo que confiere la gracia de Dios. En la celebración de los sacramentos, elementos ordinarios como el agua, vino, pan, aceite, lo mismo que la voz y el tacto, se tornan en signos sagrados que otorgan la gracia de Dios de forma indeleble y duradera. Los sacramentos nos capacitan para el encuentro con la presencia de Cristo, quien fortalece nuestra relación con Dios y del uno con el otro. Ustedes se unirán a Cristo de una manera muy especial, al quedar unidos uno al otro en santo matrimonio, como signo de la unión de Dios con el mundo también.

En el sacramento del matrimonio, uno acepta unirse a su cónyugue por medio de Cristo. Como en todos los sacramentos, el amor perdurable de Dios se manifiesta y se comparte. En el matrimonio, por medio de su compromiso y testimonio de amor, ustedes se manifiestan, el uno al otro, la presencia amorosa de Dios, e igualmente a sus familias y a todos aquellos con quienes ustedes interactúan. Todos los cristianos están llamados a compartir el amor de Cristo por su modo de vivir. A ustedes, el matrimonio les pide hacer esto de manera única

1. *Ritual del matrimonio*, 64.

y especial, porque son una pareja que gustosa y libremente se ha unido. Ustedes van a hacer crecer el amor entre los dos, siendo cariñosos incluso si cuesta serlo, siendo mutuamente serviciales y dando de sí y de sus bienes a quienes padecen necesidad. Es así como vive la gente de Cristo, comunicando la gracia de Dios, tanto en casa como en el trabajo y en el mundo. Esta es una vocación sagrada que conlleva una responsabilidad y un privilegio.

Una alianza o pacto

Entender que el matrimonio es un sacramento nos ayuda a ver la diferencia entre un matrimonio cristiano y un matrimonio no cristiano. Al comprometerse en el sacramento matrimonial, ustedes formarán una pareja unida por medio y a través de la gracia de Dios, vivo y activo en sus vidas. Miren nuevamente la oración al comienzo de este capítulo. Esa oración habla del Dios de Abraham, de Isaac y de Jacob. Dios hizo alianza con Abraham y sus descendientes, declarando que su amor es eterno, que no muere. Podrán alejarse de Dios, pero Dios no se alejará de ustedes.

También en el matrimonio, la pareja entra en una alianza sagrada. Esto es algo mucho más profundo que un contrato en que cada parte acepta ciertas condiciones. En la alianza que hace una pareja, cada uno de los dos promete que su amor perdurará a través de los días alegres y felices, así como de las jornadas desafiantes de tristeza y dificultades. En esta alianza, ambos prometen que no se alejarán de su pareja, que seguirán amándose tal como Dios los seguirá amando a ustedes. En esto, hay mucho más que una simple declaración de amor. Entrar en alianza matrimonial los une de manera tan profunda que los une íntimamente a los dos, de manera que los dos se convierten en uno: un cuerpo y una carne.

Amor que se entrega

Por todo lo que hemos dicho sobre el amor, pensarían: "Bueno, todo lo que necesitamos es amor" o "El amor todo lo vence". Sabemos, sin embargo, que el amor puede ser, y de hecho es, algo exigente. Incluso, una lectura somera de los evangelios nos muestra que el tipo de amor al que Cristo nos llama no es siempre fácil. Jesús nos muestra que el modo de amar de Dios nos exige que nos entreguemos libremente para el bien del otro; esto es el amor oblativo. En el matrimonio, prometemos abrazar esta forma de amor mutuo.

Pongamos un ejemplo práctico. Imaginen el final de un largo día. Usted está cansado, agotado y estresado, deseando llegar a casa para relajarse. Entonces, justo cuando al entrar a casa, su cónyuge lo llama desde otra habitación. Él o ella está lastimado/a y necesita atención urgente. Usted hace a un lado su necesidad de descansar y conduce a su ser querido al hospital; luego debe pasar por la farmacia a recoger una receta y se sienta a la orilla de la cama hasta que su cónyuge se duerma tranquilamente. Es fácil imaginar situaciones como ésta porque suceden a menudo. También es fácilmente comprensible que usted aborde la situación con un gruñido interior y espíritu egoísta: el cansancio impide que usted tenga la paciencia necesaria para encarar la situación con calma, o con espíritu generoso, incluso sabiendo que su cónyuge haría lo mismo por usted.

Jesús se entregó por completo por nuestro bien. Aceptó morir en la cruz con tal de cumplir su misión de vivir mostrando el amor de Dios en el mundo. Porque ustedes son cónyuges cristianos, están llamados a despojarse de cualquier cosa que les impida entregarse libre y completamente a su cónyuge y a su propia familia.

El misterio pascual de Cristo

Piensen en todo lo que saben de Jesús por los evangelios, por su experiencia en misa y lo que les han enseñado su familia y otras personas. Jesús, la segunda persona de la Santísima Trinidad, llegó para hacerse uno con nosotros, para mostrarnos y atraernos al amor de Dios, para que vivamos como Dios lo desea. Jesús enseñó a la gente por medio de palabras y acciones: sanó a los enfermos, perdonó los pecados, mostró la misericordia de Dios e invitó a las personas a poner a Dios como el centro de sus vidas. En Jesús algunos reconocieron al Mesías esperado y lo siguieron. Otros, sin embargo, se mofaron de su compasión y misericordia, hasta terminar conspirando para matarlo. Pero Jesús enfrentó su muerte de cruz con determinación como cumplimiento de su misión en la tierra; fue crucificado, murió, e increíblemente, resucitó al tercer día. A esto, la Iglesia lo llama el Misterio Pascual: pasión, muerte y resurrección de Cristo. No se trata de un misterio escondido que necesita ser resuelto, sino de una experiencia concreta del amor de Dios por nosotros, que rebasa nuestra comprensión.

Tal vez se pregunten: "¿Qué tiene que ver el misterio pascual con nuestra vida matrimonial?". ¡Todo! Porque están unidos a Cristo por medio del bautismo, ustedes están llamados a mantenerse firmes en su misión, misión del amor compasivo de Dios por el mundo. Ustedes dos están llamados a sacrificarse el uno por el otro, por su familia, por los necesitados. En la medida en que cada uno de ustedes responda al llamado de morir por el bien del otro, sabrá que Cristo vive en medio de ustedes; será una experiencia de pequeñas muertes por no tener todo lo que se desea, pero también de muertes más significativas como la enfermedad, el fracaso, o la pérdida o falta de un buen empleo, o incluso, la muerte de alguien querido. Ustedes tienen, sin embargo, la fe de que Cristo habita en ustedes y que, con el tiempo, también van a ir experimentando la alegría de la vida nueva: la resurrección.

En el bautismo quedamos unidos a la misión del amor sacrificial y oblativo de Cristo, y por eso podemos compartir la compasión y misericordia de Dios, mediante nuestro servicio desinteresado. En el matrimonio, los cónyuges se unen el uno al otro de una manera tan profunda y duradera, que se vuelve reflejo de la unión de Cristo con su Iglesia.

Vocación y misión

Sin embargo, el matrimonio es también una vocación, pues es una forma de responder al llamado de Cristo a vivir enamorados. La vocación siempre va ligada a una misión. Así como han respondido al llamado de Cristo a contraer matrimonio, también se comprometen a profundizar en el amor de Dios que los une a su pareja. El camino del amor es verdaderamente sacramental — lo van a poder reconocer al encontrar el amor de Cristo en la relación compartida con su pareja, con sus familias e incluso con el mundo, gracias a que su amor conyugal testifica la entrega de Cristo. En el último capítulo de este libro podrán explorar este llamado al amor cristiano por medio del matrimonio.

Por el sacramento del Matrimonio los cónyuges cristianos significan el misterio de unidad y de amor fecundo entre Cristo y la Iglesia.

—*Ritual del matrimonio*, 8

✦ VALIDEZ DEL SACRAMENTO

Para que un matrimonio sea sacramentalmente válido, éste debe de realizarse entre dos personas bautizadas y sin impedimentos legales (como un matrimonio previo), y que libremente hayan pedido casarse en la Iglesia. La pareja debe consentir libremente a vivir en matrimonio por toda la vida y estar abiertos a procrear hijos. El matrimonio debe ser celebrado válidamente (es decir, bajo el ritual para matrimonios católicos), ante un sacerdote o un diácono y dos testigos adicionales (suelen ser los padrinos, o la dama de honor y el padrino). Aunque el matrimonio de una persona no bautizada puede ser válidamente celebrado, no es sacramental. Para que un matrimonio sea sacramentalmente válido, las dos personas deben estar bautizadas.

Conversación de la pareja

1. ***El amor es paciente, el amor es bondadoso.*** Seamos sinceros. ¿Alguna vez has impacientado a la persona con quien te has prometido? ¿Ha habido ocasiones en las que no has sido lo amable que debieras con dicha persona? Es natural que eso ocurra en una relación. Lo importante es darse en la cuenta y tratar de ver la situación desde el punto de vista de la otra persona para recobrar la paciencia y la amabilidad.
2. ***El amor no es celoso ni aparenta, no presume ni se infla, no es grosero ni busca su propio interés.*** En la vida matrimonial, cada uno debe dar a la otra persona lo mejor de sí, para edificarse y animarse mutuamente, para andar el camino de la paz, del consuelo, del amor y la misericordia de Dios. Por ello, ¿cómo reconocen y celebran los dones de cada uno de ustedes? ¿Cómo se complementan ustedes dos para que cada uno tenga la oportunidad de beneficiar con sus dones la relación conyugal, sirviendo a los demás? ¿Hubo alguna situación en la que diste más atención a los logros de la otra persona, aunque sentiste la tentación de hacerlo con los tuyos?
3. ***El amor no tiene mal carácter, ni guarda resentimiento por las ofensas.*** Todos nos enojamos de vez en cuando. En el matrimonio es especialmente importante aprender a expresar y resolver sus enojos. Tu matrimonio se fortalecerá a medida que aprendas a comunicarte y a manejar los conflictos. ¿Cuándo se han enojado ustedes dos en el pasado? ¿Cómo resolvieron la situación? ¿Cavilas sobre asuntos molestos sin resolver que hay entre ustedes o con otras personas? ¿Qué experiencias de enojo has tenido con otros? ¿Cómo se ayudarían mutuamente para superar sentimientos de ira, molestia o conflicto?
4. ***El amor no se regocija en lo malo, sino en la verdad.*** No es difícil caer en rutinas que dañan la relación matrimonial. Por ejemplo, el abuso de alcohol o sustancias, dar preferencia al trabajo o a los amigos, o distanciarse el uno del otro en lugar de tratar de resolver conflictos o diferencias de opinión que descarrilarían el matrimonio. ¿Cómo se corrigen el uno al otro si alguno ha caído en comportamientos o hábitos negativos? ¿Qué compromiso tienen que hacer entre ustedes para trabajar y crear una relación saludable y ejemplar?
5. ***El amor conlleva todas las cosas, cree todas las cosas, espera todas las cosas, soporta todas las cosas.*** Es posible que ya hayan experimentado algunas pruebas, como duelo, enfermedad o desafíos. ¿Están seguros de poder hacerlo también en el futuro? ¿Qué situaciones o circunstancias les han demostrado ya la profundidad de su amor y apoyo mutuos hasta ahora?
6. ***El amor nunca falla.*** Parecería fácil convencerse de que el amor conquistará cada momento difícil y oscuro de sus vidas. Pero mientras se preparan para contraer matrimonio, piensen que el amor que se tienen marcará la diferencia en su día a día, con sus altibajos naturales y también con ocasiones memorables. ¿De qué manera el amor que comparten es un reflejo del amor perdurable de Cristo y de su entrega por nosotros?
7. El amor no es estático, ni es fácil de describir o de expresar adecuadamente en palabras. En este tiempo de preparación para el sacramento del matrimonio, ¿qué compromiso harán para vivir y crecer profundamente en su amor ahora y durante toda la vida juntos?

Sesión 2

El don de la intimidad y sus responsabilidades

La conexión litúrgica

Los dos, como pareja, recibirán en la misa de su matrimonio la bendición de la Iglesia sobre la expresión física de su amor. Es la bendición nupcial. Esta bendición tendrá lugar después de la oración del Padrenuestro. El sacerdote o el diácono vendrá y elevará sus manos sobre ustedes como signo de la bendición nupcial, en la que se pide al Espíritu Santo que baje sobre ustedes y los fortalezca con la santidad propia del matrimonio. La Iglesia ora para que disfruten y se valoren el uno al otro para ser fortalecidos en su relación, respeto y fidelidad mutua.

> **Envía sobre ellos la gracia**
> **del Espíritu Santo**
> **para que tu amor, derramado**
> **en sus corazones,**
> **los haga permanecer fieles**
> **a su alianza conyugal.**
>
> —*Ritual del matrimonio*, 74

El deseo sexual y el abrazo marital son regalos de Dios para ustedes. Hagan del amor una realidad en su hogar. Los niños que nazcan del amor en un hogar pacífico y amable como el de ustedes, serán una bendición para la sociedad también.

La intimidad sexual

A lo largo de los siglos, la enseñanza de la Iglesia Católica ha sido positiva sobre la bondad y la belleza de hacer el amor. El amor conyugal es la forma definitiva de comunicación y comunión entre un varón y una mujer que han hecho un mutuo compromiso público de por vida. En el lecho matrimonial, el uno se vuelve al otro en una confiada relación de amor e intimidad diciendo, "Aquí estoy". En este momento, los cónyuges consuman el consentimiento mutuo que expresaron en el altar, o sea, sus "votos matrimoniales". Se entregan y se convierten en don del uno al otro; recíprocamente se reciben como esposo y esposa.[1] Pero tengan siempre en cuenta que el otro no es una posesión sino un regalo precioso.

La liturgia nupcial describe la unión de la pareja como una obra del propio Dios, a la que otorga "la única bendición que no fue abolida / ni por la pena del pecado original, / ni por el castigo del diluvio".[2] Al expresar su amor sexual, los cónyuges recíprocamente se entregan con su cuerpo el uno al otro. El concepto de que la unión sexual es parte del "lenguaje" del cuerpo, forma parte de la enseñanza del papa Juan Pablo II sobre la "Teología del cuerpo". El Papa anota que "el cuerpo, y sólo él, es capaz de hacer visible lo que es invisible: lo espiritual y lo divino. Ha sido creado para transferir a la realidad visible del mundo el misterio escondido desde la eternidad en Dios, y ser así su signo".[3]

La intimidad sexual en el matrimonio toma tiempo y práctica. Por fortuna, los cónyuges hacen un voto para seguir aprendiendo y creciendo como amantes por el resto de sus vidas. Podemos decir que una pareja casada experimenta la calidad sacramental de su matrimonio al volverse mejores amantes. Practiquen la ternura y el agradecimiento. Sigan dándose las muestras del cariño que se mostraron en su noviazgo, su afecto, aprecio y consideración. Mantengan viva su amistad.

Cultiven la intimidad día con día. Desarrollen una relación íntima, más allá de lo sexual. Estén dispuestos a probar nuevas formas de expresar su amor mutuo. En cada matrimonio habrá momentos

1. *Ritual del matrimonio*, 62.
2. *Ritual del matrimonio*, 74.
3. Juan Pablo II, *Audiencia General del 20 de febrero de 1980*, disponible en https://w2.vatican.va/content/john-paul-ii/es/audiences/1980/documents/hf_jp-ii_aud_19800220.html (acceso del 5 de mayo de 2020).

en que la unión sexual no es posible o no es deseada por alguno o por ninguno de los dos. Las tres dimensiones de su relación conyugal son la espiritual, la emocional y la física. Ya sea que hagan o no hagan el amor todos los días, la donación personal mutua debe expresarse diariamente. El triunfo contra el egocentrismo es otro paso hacia la unidad de mente, cuerpo, alma y espíritu. El papa Francisco aconseja lo siguiente a las parejas comprometidas:

> El matrimonio es también un trabajo de todos los días, podría decir un trabajo artesanal, un trabajo de orfebrería, porque el marido tiene la tarea de hacer más mujer a su esposa y la esposa tiene la tarea de hacer más hombre a su marido. Crecer también en humanidad, como hombre y como mujer. Y esto se hace entre vosotros. Esto se llama crecer juntos. Esto no viene del aire. El Señor lo bendice, pero viene de vuestras manos, de vuestras actitudes, del modo de vivir, del modo de amaros. ¡Hacernos crecer! Siempre hacer lo posible para que el otro crezca. Trabajar por ello.[4]

Respete a su cónyuge. Cuando se casan, las personas retienen su libertad humana. La Iglesia llama a los maridos y a las esposas a una sociedad en igual dignidad. Ambos son hechos a imagen y semejanza de Dios (ver Génesis, capítulos 1 y 2). Aunque muchos cónyuges entienden este llamado a la mutualidad e igual autoridad en el matrimonio, otros se casan con actitudes destructivas sobre cómo varones y mujeres deben relacionarse. Debe quedar claro que la violencia nunca está permitida y que forzar a la pareja es contrario al objetivo de hacer el amor.

Las relaciones sexuales entre cónyuges son un excelente y hermoso regalo de nuestro Creador. El mensaje positivo sobre el sexo no siempre es bien comunicado. Algunos pasajes bíblicos, tales como "Las esposas deben ser dóciles en todo a sus maridos" (cf. Efesios 5:22) no siempre han sido interpretado adecuadamente. Esto, a menudo se entiende como un llamado al dominio y sumisión a favor del varón. Una mejor comprensión de la relación que Dios espera del matrimonio incluye el contexto y el verso previo, "Vivan amando, como Cristo… Respétense unos a otros, por reverencia a Cristo" (Efesios 5: 2a, 21). San Pablo esperaba que las parejas se trataran entre sí con la misma dignidad que cualquier hermano o hermana en el Señor, "Ámense cordialmente los unos a los otros, como buenos hermanos; que cada uno estime a los otros más que a sí mismo" (Romanos 12:10).

Tanto al abrazar la vida conyugal, como en la aceptación y educación de la prole, [los cónyuges cristianos] se ayudan mutuamente a santificarse y encuentran ellos también su lugar y su propio carisma en el pueblo de Dios.[5]

—*Ritual del matrimonio*, 8

Fomenten la intimidad de su vida matrimonial mediante una sensual relación sexual. La satisfacción sexual implica prestar atención a la otra persona y, así, incrementar valorarla como una bella creación de Dios. Estén atentos y sean sensibles a las necesidades del otro, cualesquiera que sean. Su relación conyugal es una fuente de profunda satisfacción y alegría que estimula el crecimiento y la unidad en el matrimonio.

4. Papa Francisco, *Discurso a las parejas de novios que se preparan para el matrimonio* (14 de febrero de 2014), disponible en http://www.vatican.va/content/francesco/es/speeches/2014/february/documents/papa-francesco_20140214_incontro-fidanzati.html; (acceso del 5 de mayo de 2020).

5. Cf. 1 Co 7: 7; Concilio Vaticano II, *Constitución dogmática* Lumen gentium, *sobre la Iglesia*, n. 11.

Conversación de la pareja

1. ¿Qué te atrae físicamente de tu pareja?
2. ¿Cómo te sientes respecto a tu propia sexualidad?
3. ¿Cómo te sientes respecto a la sexualidad de tu pareja?
4. ¿Cómo expresas calidez, amabilidad y amor?
5. ¿Cómo influye tu educación en tus actitudes sexuales?
6. ¿Cómo crees que las diferencias entre varón y mujer influyan en su relación sexual?
7. ¿Cómo quieres comunicar tus necesidades y sentimientos sexuales?
8. ¿Cómo puedes ser más generoso y oblativo con tu pareja en lo sexual?
9. ¿Cómo te puede acercar a Dios la relación sexual con tu cónyuge?
10. ¿De qué formas crees que la relación sexual puede (a) elevarlos, (b) sanarlos, (c) entrar en comunión, (d) ser un acto espiritual y (e) santificarlos?
11. ¿Qué pasos vas a dar para pasar con tu pareja más tiempo de calidad, comunicarse y compartir sentimientos sobre su relación sexual?
12. ¿Cómo muestras cariño y afecto por tu pareja?
13. ¿Te sientes cómodo/a conversando sobre tus necesidades de intimidad y cercanía físicas?
14. ¿Hay algo que te preocupe sobre la intimidad sexual?
15. ¿Qué puede mantener vivo el romance en su relación conyugal?

Compromiso y unión libre

Toda la comunidad católica nos alegramos de que ustedes se van a casar. La liturgia nupcial hace evidente que su matrimonio no solo es importante para ustedes dos, sino también para todos nosotros. Al comienzo de la liturgia, el sacerdote (o diácono) se dirigirá a ustedes, los futuros cónyuges, a sus acompañantes, a sus padrinos y a sus invitados, diciendo que la Iglesia está feliz porque Dios está presente en su unión conyugal. Luego ofrecerá la Oración colecta (oración de apertura), que ruega a Dios que atienda las oraciones que la Iglesia está ofreciendo por ustedes y por su futura familia. Este matrimonio será una bendición para sus hijos, para sus familiares y vecinos. Ustedes le están mostrando al mundo que el amor y el compromiso son posibles.

La comunidad católica se compromete a apoyarlos. La Iglesia rezará por ustedes durante esta liturgia y continuará haciéndolo a lo largo de su vida de casados. La decisión de casarse es una de las más valiosas que puedan hacer. Su compromiso es tan importante, no solo por la validez del matrimonio, sino para lograr una unión exitosa. Comprometerse brinda seguridad y protección. De esta manera, las parejas pueden expresar sus pensamientos, sus sentimientos y deseos abiertamente. Cuando están comprometidos, tienen la confianza de que superarán los desafíos cotidianos y los factores estresantes de la vida que destrozarían un matrimonio. Aunque muchas otras parejas prefieran simplemente juntarse, ustedes han elegido el matrimonio. Las cifras del Censo de 2019 revelaron que el concubinato entre parejas es más frecuente que vivir en matrimonio legal.[6]

Según el sitio web de matrimonios católicos ForYourMarriage.org, el 60 por ciento de los matrimonios llegan precedidos de cohabitación, pero menos de la mitad de las uniones libres terminan en matrimonio. Algunas razones comunes por las que las parejas cohabitan incluyen conveniencia, ahorro financiero, seguridad, compañía y un deseo de salir de la casa de sus padres. Muchas parejas creen erróneamente, que el concubinato reducirá su riesgo de divorcio. Este es un malentendido comprensible, pues muchos de ellos son hijos de personas divorciadas, o tienen familiares o amigos divorciados.[7]

El deseo de entregarse libre y totalmente el uno al otro es algo muy bueno. El problema es que su asociación doméstica carece del compromiso *total* del matrimonio. Aunque las parejas que conviven sean sinceras en sus intenciones, el matrimonio exige una donación total y definitiva del uno al otro. Mientras siguen preparándose para el matrimonio, evalúen honestamente sus razones para casarse. Si ya viven juntos, dediquen tomen tiempo y espacio para reflexionar y orar sobre su relación.

Conversación de la pareja

1. La Iglesia está orando por ustedes. ¿Por qué es importante para la Iglesia la decisión que han tomado de unir sus vidas sacramentalmente? ¿Qué les dice o qué les revela el texto anterior sobre el propósito del matrimonio?
2. ¿Por qué decidieron casarse?
3. ¿Por qué desean casarse por la Iglesia Católica?
4. Si ya viven juntos, ¿por qué decidieron vivir juntos?
5. ¿Qué han aprendido de la experiencia de vivir juntos?
6. Si ya viven juntos, ¿aceptan abstenerse de la actividad sexual hasta que queden unidos sacramentalmente?

6. Cf. Gurrentz, Benjamin, *Living with an Unmarried Partner Now Common for Young Adults*, U.S. Census Bureau, November 15, 2018, https://www.census.gov/library/stories/2018/11/cohabitaiton-is-up-marriage-is-down-for-young-adults.html; (acceso del 20 de agosto de 2019) [en inglés].
7. "Cohabitation", *For Your Marriage* website, United States Conference of Catholic Bishops, Washington, DC, www.foryourmarriage.org/cohabitation/ (acceso del 20 de agosto de 2019).

La castidad

La sexualidad es algo integral a los seres humanos. Hemos sido creados a imagen y semejanza de Dios. La palabra sexo proviene del latín *(secare)* que expresa la idea de "cortar". Cuando Adán experimenta la soledad, Dios le da una compañera, Eva. Sentimos un anhelo de conexión, de comunidad y de amor. Esto va en nuestra naturaleza humana. Tenemos este sentido expresado en la conmovedora historia de la primera pareja, de la tristeza de estar separados de Dios y también entre sí. Tenemos un poderoso impulso de volver a reconectar, de entrar en relación con un ser querido, de volver al jardín del Edén.

El poder del impulso sexual requiere autodisciplina, virtud que llamamos castidad. Casada o soltera, cada persona está llamada a ser casta. Castidad no es lo mismo que celibato. Castidad viene de la palabra latina *puro*, no sólo en comportamiento sexual sino en el sentido de ser "íntegros" o auténticos ante Dios, en la vida y en las relaciones sociales. Las virtudes de la castidad son: coraje, templanza (autocontrol) y honestidad; éstas son hábitos que consisten en realizar correctamente nuestras acciones de acuerdo con un estándar moral. Al practicar las virtudes, las fortalecemos y de ese modo logramos que la presencia de Dios sea cada vez más visible en el mundo que nos rodea. En su Carta a los filipenses, san Pablo captó la idea de una vida virtuosa: "Por lo demás, hermanos, fíjense en todo lo que encuentren de verdadero, noble, justo y limpio; en todo lo que es fraternal y hermoso, en todos los valores morales que merecen alabanza" (4:8).

La virtud de la castidad no se puede entender simplemente como una lista de lo que se debe y no se debe hacer. La pureza es una gracia que nos permite llegar a conocer, comprender, apreciar y aceptar nuestra sexualidad como una dimensión de todo nuestro ser, y que es parte de nuestra vida cristiana. Las personas casadas practican la castidad en fidelidad a su cónyuge, así como su apertura a la vida al hacer el amor. La castidad es evidente en una persona que respeta la dignidad de los demás y en el comportamiento responsable sobre el sexo. Nuestras interacciones con todas las demás personas, no sólo con nuestro cónyuge, serán sagradas y apropiadas si entendemos y practicamos esto. La castidad protege al esposo o a la esposa de desviarse hacia amistades inapropiadas que dañarían su matrimonio. Ayuda a una persona el tener "custodia de los ojos" en el internet y en público. Un cónyuge casto no tiene conversaciones lascivas ni mira pornografía. Las personas casadas necesitan vivir en una comunidad donde se lleve una vida de castidad.

Cuando la sexualidad se aprecia en todo su significado, hacemos de Jesús nuestro ejemplo para vivir una sexualidad saludable y una vida casta. Jesús fue célibe, es decir, soltero; pero su condición célibe no negó su sexualidad. Jesús nos enseña sobre la sexualidad dentro del contexto de un pacto relacional. Nos convertimos en quienes somos en la forma cómo nos relacionamos con los demás. Jesús, con su vida nos enseña que el amor y el sexo no son siempre lo mismo. Él disfrutaba de relaciones íntimas, fieles, igualitarias y desinteresadas, sin tener relaciones genitales.

Conversación de la pareja

1. ¿Qué desafíos a la castidad notas en la sociedad?
2. ¿Cómo pondrás en práctica la castidad en tu vida matrimonial?
3. ¿En qué amistades confías como apoyo a tu vida de castidad?
4. ¿Qué es lo que harás para fortalecer la castidad?

La planificación familiar y los hijos

En el matrimonio, los dos declaran conciente y libremente que su relación es de amor mutuo, y se prometen fidelidad para toda la vida. Antes de dar su consentimiento matrimonial, el sacerdote (o diácono) les hará tres preguntas muy específicas; la primera es si acuden "libre y voluntariamente a contraer Matrimonio, sin ser presionados"; la segunda: "¿Están decididos a amarse y respetarse mutuamente, siguiendo el modo de vida propio del Matrimonio durante toda la vida?" y finalmente: "¿Están dispuestos a recibir de Dios responsable y amorosamente los hijos y a educarlos según la ley de Cristo y de su Iglesia?".[8] Ustedes responderán "Sí", con toda verdad y sinceridad. Así es como declaran pública y litúrgicamente su intención de vivir en unión sacramental y válidamente delante de Dios y de toda la Iglesia (representada por sus familiares, amistades e invitados), declaran su amor mutuo y su disposición a tener hijos juntos (de ser esto posible). Es parte del sacramento matrimonial que la pareja esté dispuesta a tener hijos.

Los hijos son en realidad el don más excelente del Matrimonio y contribuyen sobremanera al bien de los mismos padres.

—*Ritual del matrimonio*, 3

Educar a los hijos es un proceso arduo, pero cabe a los esposos elegir cómo responder a este desafío. Durante el proceso, ambos madurarán. Cada uno va a valorar más el desarrollo de las capacidades del otro.

En la tradición católica, el proceso de tomar decisiones ayuda a la pareja a discernir cuántos hijos tener en su matrimonio. Esto exige hablar y reflexionar sinceramente, consultar y escuchar con el corazón. La Iglesia Católica nos pide pedir en oración la guía del Espíritu Santo y su fuerza, confiando en que él guiará nuestras decisiones. En ocasiones, un bebé está ya en camino antes de que los padres se sientan listos a recibirlo. Otras veces, uno o ambos cónyuges ya tienen hijos antes de celebrar su matrimonio o están fusionando familias. En otras situaciones, el embarazo no es

posible, o la pareja sufre un aborto involuntario, o está más allá de sus años fértiles. Aunque algunos tratamientos médicos respetan los valores católicos, no todas las parejas pueden tener hijos. Aun así, un matrimonio que no puede tener hijos sigue siendo sacramental. Si llegan a ser padres o no, todos los cónyuges han de tener un matrimonio fructífero, compartiendo su amor con los demás. De permitirlo su situación, algunos podrán adoptar algún niño o varios, o fungir como padres de crianza temporal (foster parenting). La pareja también podrá experimentar la fecundidad de la vida familiar en un sentido más amplio que incluye a tías y tíos, primos, parentela y amistades.

Sea que la pareja tenga hijos biológicos o adoptados, el convertirse en padres transformará su matrimonio, pero deben confiar siempre en que Dios dispuso que su matrimonio fuera fuente de su crecimiento y desarrollo, gracias a su vida conyugal. El cuidado de los niños trae consigo oportunidades para que los padres descubran a Dios obrando en

8. *Ritual del matrimonio*, 60.

sus propias vidas. Esto es algo bueno y que, a menudo, la gente no escucha. Hoy día, los padres jóvenes enfrentan una enorme presión de su generación que les impide enfocarse en las necesidades y deseos de sus hijos, incluso en detrimento de su relación como pareja. La crianza de niños es una tarea tan importante y demandante que muchas parejas consumen su vida en esto, quedándoles finalmente poca energía para su propio matrimonio. Por tanto, valdrá la pena reservar una buena cantidad de energía para su propio matrimonio, que, a final de cuentas, beneficiará a sus hijos. Ellos contarán con seguridad y con un modelo a seguir como adultos, sus padres, quienes han demostrado ser un fuerte equipo.

La Iglesia anima a las parejas casadas y, según sean sus medios y las necesidades de sus hijos ya nacidos, a mantenerse abiertas a recibir nuevos hijos en su familia. Dios concede hijos a las personas para enriquecerlas, no para empobrecerlas.

La Iglesia Católica enseña que la intimidad marital es esencial para alcanzar el máximo potencial unitivo de la pareja, pero no solamente entre uno y el otro, sino también con Dios, y que esto nunca debería deliberadamente estar separado de su naturaleza procreadora. Todas las formas de anticonceptivos artificiales eliminan la posibilidad de concebir del acto de amor, y no son una opción. La Iglesia entiende que las parejas a menudo tienen razones muy serias para espaciar o limitar el número de hijos. En tales circunstancias, la Iglesia recomienda el uso del control natural familiar. Este es el método aprobado por la Iglesia para planificar los hijos en una familia (Método de planificación natural, MPN); consiste en limitar la relación sexual a los tiempos durante el ciclo de la mujer cuando ella no es fértil. Será muy probable que la diócesis requiera que ambos participen en las sesiones de capacitación sobre el MPN. Lo que sigue es un resumen básico.

En ocasiones, las parejas enfrentan serias dificultades en poner en práctica estas enseñanzas de apertura al embarazo y la nueva vida. La Iglesia comprende y alienta a todas las parejas a buscar apoyo en la oración y a no perder la confianza en la misericordia y el amor de Dios. Con la orientación de instructores experimentados, las parejas aprenden, reconocen y aprecian los signos naturales de la fertilidad de la mujer. Al usar este conocimiento, la pareja puede usar también el MPN para aumentar las probabilidades de concebir.

Los métodos naturales de planificación familiar están basados en la biología femenina. En cada ciclo menstrual, la mujer se torna naturalmente fértil cuando la ovulación se acerca, luego se torna infértil. El hombre, por otro parte, siempre es fértil. El cuerpo de la mujer ofrece signos que indican si es fértil o no. Los principales signos para ella son los cambios de secreciones del moco cervical antes de la ovulación y el aumento de la temperatura corporal después de la ovulación. Las parejas pueden aprender a observar y registrar estos signos como información con el propósito de planificar su familia.

Tu esposa
será como una vid fecunda,
en la intimidad de tu casa,
tus hijos como brotes de olivo
en torno a tu mesa.

—Salmo 128:3

La motivación de una pareja determinará qué tan efectivo es el MPN en ayudarles a evitar el embarazo, si ésta fuera su intención. Los estudios han demostrado que el MPN sería tan bueno como los métodos anticonceptivos (condón, diafragma, etc.) y sería tan efectivo como la píldora cuando es utilizado por parejas motivadas. Si las parejas van a practicar el MPN armoniosamente, pronto descubrirán que tienen que comunicarse más plenamente entre sí y practicar una abstinencia creativa. No se ignoran el uno al otro en momentos en que deciden evitar el coito; más bien, desarrollan formas alternativas no genitales de expresar su amor y su afecto.

Conversación de la pareja

1. ¿Quieren tener hijos?
2. ¿Cuántos hijos les gustaría tener?
3. ¿Cómo desean planificar su familia?
4. ¿Están ambos de acuerdo con el método MPN presentado aquí?
5. ¿Qué harán si no pueden concebir hijos?
6. ¿Están abiertos a adoptar o a ser padres de crianza temporal (foster parenting)?
7. Si tienen hijos de un matrimonio previo, ¿cómo se relacionarán con ellos?
8. ¿Cómo serán sus métodos de educar a sus hijos en comparación con los métodos de sus padres?
9. ¿Quién será responsable de cuidar, corregir, bañar, cambiar pañales y ayudar con las tareas de los niños? ¿Trabajarán en equipo y con criterios comunes?
10. ¿Quién se quedará en casa cuando los niños estén enfermos?
11. Si alguno de ustedes se queda en casa, o ambos siguen trabajando ¿qué forma de cuidado infantil escogerán?
12. ¿Cuáles les parece que son las alegrías y desafíos de la paternidad y maternidad?
13. ¿Qué harán para que su relación matrimonial sea una prioridad en su familia?
14. ¿Qué decisiones importantes enfrentan al comenzar su vida de casados?
15. ¿Sobre cuáles de estos temas están de acuerdo? ¿En qué no están de acuerdo?
16. ¿A quién recurrirán o a dónde irán para recibir orientación?

Sesión 3
La gestión de las finanzas

La conexión litúrgica

Al otorgar su mutuo consentimiento para vivir unidos ante Dios y ante sus familiares y amigos, ustedes aceptaron caminar unidos, en "los gozos y las esperanzas, las tristezas y las angustias"[1] que la vida trae consigo. Recordemos la conversación inicial sobre el significado del matrimonio. El matrimonio es un sacramento, una alianza, una promesa y un compromiso. El papa Francisco subraya que la verdadera riqueza de uno está en la relación de los dos con Jesús, no en el dinero. El amor del uno por el otro se entrelaza con el amor de Dios por la Iglesia. Porque su relación está centrada en Cristo, su verdadera riqueza será su matrimonio.[2]

> Yo, **N.**, te recibo a ti, **N.**,
> como esposa
> y me entrego a ti,
> y prometo serte fiel
> en la prosperidad
> y en la adversidad,
> en la salud y en
> la enfermedad,
> y así amarte y respetarte
> todos los días de mi vida.
>
> —*Ritual del matrimonio*, 62

Visión cristiana del dinero

En el matrimonio, el dinero está conectado a la comunicación, la espiritualidad, la intimidad y la salud. Ambos esposos deben involucrarse en las finanzas. Los recién casados pueden caer en la cuenta de que los problemas financieros son de los retos más difíciles a enfrentar. El manejo del dinero representaría problemas serios: su disposición a trabajar el uno con el otro, la confianza recíproca, la comprensión mutua y las luchas de poder que surgirán al ir decidiendo cómo gastar dinero.

Mientras ustedes se preparan para casarse por la Iglesia, tengan en cuenta cómo enfocar su relación marital para que sean templo santo y vivo donde encuentre espacio la Palabra de Dios y donde la presencia de Cristo sea central y más importante que el dinero o los bienes materiales.

Desde luego que deberán trabajar para tener un ingreso que les permita sostenerse como familia. Pero, ¿será el dinero su único objetivo? Jesús diría que no. El Evangelio es claro en que la meta de uno no debe ser únicamente adquirir bienes y dinero en esta vida, sino en esforzarse por trabajar para Dios y acumular un tesoro que madure plenamente en el cielo. Esto implica no tratar de acumular riqueza aquí en la tierra, sino compartirla con otros.[3] Por cierto, nunca verás un tráiler de mudanza detrás de una carroza fúnebre: ¡nadie se lleva sus bienes!

Vale la pena que ustedes se pregunten qué los hace sentirse tranquilos y cómodos en su vida de pareja. Sin duda deberán trabajar para hacerse de una estabilidad financiera y vivir sin deudas. La realidad en nuestro mundo moderno es que vivimos en una sociedad de consumo, en la que el dinero es necesario para tener cierto bienestar. Jesús, sin embargo, nos pide no preocuparnos por las cosas materiales.[4] Tenemos que dar un salto de fe para vivir este modo de ver la vida. Al buscar primero el Reino de Dios, nos obligamos a usar los dones que Dios nos ha dado, para construir el mundo que nos rodea. Para esto, contamos con la promesa de que Dios ciertamente proveerá. ¡Es ciertamente una propuesta aventurada de vida! Al depositar

---

1. Vaticano II, *Constitución pastoral Gaudium et Spes sobre la Iglesia en el mundo actual*, 1.
2. Cf. Papa Francisco, *Audiencia general del 7 de agosto de 2019*; disponible en http://w2.vatican.va/content/francesco/es/audiences/2019/documents/papa-francesco_20190807_udienza-generale.html; (acceso del 6 de mayo de 2020).
3. Ver Mateo 6:19–21, 24.
4. Ver Mateo 6:25–33.

ambos su confianza en Dios, se dan la oportunidad de liberarse de las ansiedades y dudas que pueden surgir al pensar en lo financiero. Sin embargo, si junto con su cónyuge consiguen hacerlo, se volverá algo muy liberador y les dará vida. ¡Atrévanse! ¡Den el salto y pongan su confianza en Dios!

Gestionar las finanzas

La comunicación abierta y sincera incluye las finanzas. Por mucho que ame a su cónyuge, comenzar a vivir juntos, con todo y dinero, sería todo un reto. Uno de ustedes dos ahorraría juiciosamente y el otro gastaría de más. Uno de ustedes sentiría pena por la manera de administrar su dinero hasta ahora, por ejemplo, si acumuló deudas considerables, de las que su futuro consorte nada sabe. Las formas como las respectivas familias de origen administran el dinero también influye en cómo ustedes lo valoran. Si bien no hay un modo único de manejar el dinero en su matrimonio, ciertamente hay uno correcto, el que mejor se ajuste a ustedes dos después de pensarlo y conversarlo.

> **Que su conducta no se deje arrastrar por el afán del dinero; conténtense con lo que tienen.**
>
> —Hebreos 13:5

Cómo gasten, ahorren y planifiquen juntos el uso del dinero, influirá en cómo cumplir con su promesa de ser fieles el uno al otro "en la prosperidad y en la adversidad, en la salud y en la enfermedad". Alcanzar juntos una perspectiva y valoración del dinero es un reto, pero dense cuenta de que los dos son un solo equipo. A continuación, algunas recomendaciones para que negocien esta parte importante en su vida futura.

1. Elaboren juntos un plan

Las finanzas suelen ser la causa mayor de estrés en la vida matrimonial. Ya sabemos que el estrés es una causa generalizada de enfermedad. Elaborar juntos un plan financiero les ayudará a conseguir sus metas financieras y les hará mejorar su salud personal. Pongan el plan por escrito y revísenlo periódicamente, para constatar que están siguiendo los criterios que juntos han establecido y que están alcanzando sus objetivos. Porque se trata de un documento vivo, como su cuerpo, el plan necesita nuevos elementos y ajustes. Hay que monitorear cuidadosamente el dinero para evitar malentendidos. Cada mes, dediquen un buen tiempo a revisar su progreso. ¡En esto están los dos!

2. Hagan un presupuesto

Presupuesto puede sonarnos a dieta. Esta palabra puede tener connotaciones negativas. Tal vez ustedes se imaginen viviendo sin presupuesto, usando cupones y negándose todos sus gustos. Piensen que un presupuesto les sería muy útil, pues es un sistema simple y flexible que les permitirá vivir con sus medios y monitorear el dinero que ganan y el que gastan. Presupuestar les ayudará a

- obtener el máximo rendimiento de su dinero;
- prepararse a los reveses y aprovechar los buenos tiempos;
- tomar decisiones financieras informadas;
- ser conscientes de cuánto y en qué están gastando;
- lograr las metas propuestas;
- hacer realidad sus sueños;
- evitar discusiones y malentendidos sobre el dinero; sean transparentes;
- protegerse uno al otro, cuando uno de los dos flaquea.

3. Ahorren

No importa en qué etapa de su matrimonio se encuentran, recién casados, a media vida, cerca del retiro, siempre es difícil apartar dinero para el futuro. Sin embargo, ahorrar para eventualidades es una parte importante del manejo del dinero. Es sabio aprovechar los beneficios de los planes de retiro que su empleador les ofrezca. Las contribuciones salen del cheque de su paga, antes de gravarlo con impuestos, y son igualadas, hasta cierta cantidad, por su empleador. Si comienzan jóvenes tendrán tiempo para prepararse al retiro.

No importa que sea con poco, comiencen un programa de ahorro para su matrimonio. Abran una cuenta de ahorro en el banco y aliméntenla con una suma cada mes. Esto les creará el hábito del ahorro y les demostrará que ustedes realmente pueden ahorrar, si quieren. Ahorrar dinero tiene que ver con el autocontrol, que les ayudará a implementar un plan de ahorro e inhibe el impulso a gastar.

Estos son unos consejos prácticos para ahorrar:

- Antes de pagar los cobros o las cuentas, páguense ustedes. Aparten una cantidad o un porcentaje de cada cheque para ahorrarlo.
- Ahorren el cheque con la devolución de los impuestos.
- Ahorren un regalo, un viaje o un bono.
- Sacrifiquen un evento social al mes, y ahorren el dinero que hubieran gastado.

4. Acepten sus talentos

Acepten los talentos y dones que cada uno de ustedes aporta al matrimonio. En las parejas exitosas no tratan de cambiarse el uno al otro; esto sólo causa peleas y tensión. Usen sus dones, talentos y fortalezas para ser exitosos financieramente y lograr una comunicación abierta.

Si uno de ustedes gasta y el otro ahorra, maximicen esos talentos. En lugar de verlo como una atadura, piensen en cómo convertirlo en una ventaja. Aquí la clave es no juzgar al otro ni obstaculizarlo, sino hallar el modo de trabajar unidos.

> **Y derrama sobre ellos la abundancia de tus bienes.**
>
> —*Ritual del matrimonio*, 67B.

Gestionar las deudas

La mayoría de las personas arrastra alguna deuda: una hipoteca, una deuda estudiantil, o cuentas de la boda. Mucha gente vive al día, de cheque en cheque, y raramente tienen alguna reserva de dinero para tiempos adversos. Algunos nunca tuvieron que prescindir de ellos, y resultaría difícil comenzar una vida nueva juntos, cuando sus expectativas inmediatas son establecer el tipo de casa, nivel y estilo de vida que les tomó a sus padres toda una vida alcanzar. Si no tuvieramos cuidado, las deudas nos atraparían y hasta crearían problemas y tensiones en la relación matrimonial. Las parejas tienen que ser conscientes de la deuda, pues tener un crédito bajo afectaría inversiones a futuro, tales como la compra de una casa o un auto.

Los siguientes son algunos consejos para manejar y prevenir las deudas:

- Antepongan su amor y su familia a comprar novedades tecnológicas, una casa más grande, autos más recientes y ropas para impresionar a los demás. Su familia es lo más importante.
- No compren por impulso. Tómense veinticuatro horas para decidir si realmente quieren algo.
- Sean puntuales con los pagos de sus tarjetas de crédito, de lo contrario, les cobrarán recargos por retrasos y les subirán la tasa de interés. Los retrasos perjudicarían su puntaje de crédito, lo que afecta su calificación para comprar, a interés bajo, una casa o un auto.
- Calculen los costos del interés. Piensen que si al final del mes no pagan el total de lo comprado, estarán pagando más dinero a mediano plazo y a largo plazo, por el interés generado.
- Paguen el total del saldo de sus tarjetas de crédito al final de mes.
- Usen solamente las tarjetas de crédito para emergencias.
- Exploren las opciones de pago de préstamos estudiantiles y las condonaciones (por ejemplo, si trabajan para compañías sin ánimo de lucro), tal vez sean elegibles para una condonación total de la deuda.
- Estudien sus opciones para su declaración de impuestos, sea como pareja o separadamente. Una declaración conjunta causaría problemas con los préstamos estudiantiles, especialmente si alguno de ustedes tiene un plan de pago basado en ingresos. Visiten el portal del IRS: https://www.irs.gov/es/newsroom/correct-filing-status.
- Para comprar una casa, estudien distintas opciones de préstamos e hipotecas para quienes compran casa por primera vez, incluyendo las opciones gubernamentales de la Federal Housing Administration (FHA).
- Prepárense para lo inesperado: enfermedad, muerte y desempleo.

—*Continúa...*

- Asegúrense de que ambos tengan seguros de vida y de salud. Si ambos tienen seguro de salud de sus empleadores. Puede ser mejor (financieramente) para cambiar sus planes de salud individuales a uno familiar o a uno de "uno más"; así, solo un cheque será gravado con los costos para la salud.
- Designen a los beneficiarios de sus seguros de vida.
- Conviene que llenen un poder médico notariado y una forma de término de la vida.
- Preparen su testamento.
- Asegúrense de tener toda la información necesaria y la capacitación para proteger su mantenimiento.
- Sean francos y sinceros, y comuníquense regularmente sobre asuntos financieros.
- Concentren su vida matrimonial en Cristo y los valores del Evangelio.

Señales de problemas financieros:

- Opiniones consumistas y egoístas (individualistas)
- Pago esporádico del saldo total de una tarjeta de crédito
- Compras compulsivas, sin sopesar
- Argumentar una compra diciendo que usted la merece
- No separar dinero para emergencias
- Compras terapéuticas: comprar para sentirse bien
- Pedir prestado a amigos y familiares
- Pedir préstamo a cuenta del salario
- Gastar un aumento o bonificación salarial antes de recibirlo
- Hacer el presupuesto total de casa basado en deudas
- Emplear tarjetas de crédito para lo necesario como despensa e impuestos
- Incapacidad de pagar cada mes el total del balance de la tarjeta de crédito

La buena administración

Cuando dos católicos quieren casarse, la Iglesia prefiere que el matrimonio se realice en una misa. Compartir la Eucaristía es una de las expresiones principales de unidad que implica la liturgia matrimonial. La Eucaristía, nuestra gran oración de acción de gracias a Dios, es un encuentro entre Dios y su pueblo. De modo similar, cuando una pareja y sus invitados comparten todos la Eucaristía, se vuelven expresión visible de ese acto unitivo.

En la Liturgia de la Eucaristía, el sacerdote ora por las necesidades de la pareja: "Y al que creaste por amor / y al amor llamas, / le concedes participar en tu amor eterno" (*Ritual del matrimonio*, 201). Dios amó tanto al mundo que creó la humanidad. Y en su amor inmenso, le entregó a su Hijo, para que lo creado fuera traído a una relación más profunda con él y participara de su reino eterno. La vocación de las parejas es imitar el inmenso amor de Dios por su pueblo, con actos de amor, caridad y justicia.

Consideren su propia participación en la misa dominical. Antes de la Liturgia de la Eucaristía y de tomar parte en la sagrada Comunión, se ofrece la colecta. Donamos a la Iglesia, algo del dinero por el que trabajamos muy duro, para que remedie necesidades de los pobres. Así como Cristo se ofreció por nuestra salvación, debemos ofrecernos de modo que seamos un sacrificio de alabanza vivo a Dios. Esto exactamente estamos llamados a hacer de nuestra vida esponsal, de pareja: donarnos el uno al otro. Pero este no es un acto aislado entre tú y tu futuro cónyuge, sino uno a compartir con la Iglesia y con el mundo.

En el matrimonio, ustedes han de ser buenos administradores. La administración, en un contexto católico religioso, significa una gran responsabilidad. Dios le ha entregado a la humanidad el buen cuidado de su creación, y Dios les ha dado a ustedes dos el don de su mutuo amor. Su misión y vocación matrimonial es compartir ese don con los demás y ser responsables salvaguardando su maravillosa creación por todos los medios posibles.

Los siguientes son algunos medios prácticos para que ustedes sean buenos administradores financieros:

- Emplear prudentemente sus recursos financieros
- Ayudar a los demás donando tiempo, talentos y dinero
- Donar de lo que es su sustento, no sólo lo que les sobra o estorba
- Reservar una parte del ingreso para donar a su comunidad parroquial y otras organizaciones benéficas
- Donar a los pobres comida, cobijas, enseres de higiene personal, toallas o ropas

Conversación de la pareja

1. ¿Te preocupa o inquieta que uno de los dos gane más dinero que el otro? El que gana más dinero, ¿tiene mayor responsabilidad en la contribución financiera?
2. ¿Cuál es tu puntaje crediticio?
3. ¿Cuáles son tus deudas actuales?
4. ¿Cuánto es el máximo que cada uno puede gastar sin consultar al otro?
5. ¿Quién se encargará de pagar las cuentas?
6. ¿Quién estará a cargo de las inversiones, ahorros y pagos de los estudios actuales o futuros?
7. ¿Alguno de los dos se ha declarado en bancarrota?
8. ¿Alguno de ustedes le debe dinero a familiares o amigos?
9. ¿Tienes cuenta de ahorro?
10. Su casa matrimonial, ¿será propia o rentada, o ahorrarán para comprar una?
11. Su auto, ¿lo rentarán o lo comprarán? ¿Tendrá cada uno auto propio?
12. ¿Tendrán un fondo de ahorro para los tiempos difíciles? ¿Cuánto ahorrarán cada mes?
13. Tu empleador, ¿te ofrece beneficios de retiro? Si no, ¿cómo se prepararán para el retiro?
14. ¿Tendrán dinero a mano para antojos impulsivos o frívolos? ¿De cuánto dispondrán?
15. ¿Qué opinas de comprar en efectivo o a crédito?

Continúa... ▶

16. De tener a los niños en guardería, ¿cómo van a pagar ese servicio?
17. Sus hijos, ¿irán a escuela pública o particular? De ir a una particular, ¿cómo pagarán su educación?
18. ¿Qué opciones tienen en cuanto seguros de vida y de salud?
19. ¿Tendrán cuentas mancomunadas o cuentas individuales?
20. ¿Qué metas tienen para su seguridad financiera a plazos corto, mediano y largo?
21. Hablen sobre esto: "Los recursos que yo aporte al matrimonio serán siempre míos". ¿Cuánto destinarán cada uno a obras de caridad y a su comunidad parroquial?
22. ¿Cómo harán para que su vida matrimonial esté sostenida por el mandato divino de "la ley de la caridad incesante"?
23. ¿Qué van a hacer para mostrar gratitud a Dios, y entre ustedes, por todo lo que tienen?
24. ¿Cómo se proponen retribuir a la sociedad lo que Dios les ha concedido?
25. ¿De qué maneras serán ustedes serviciales, si pasan por dificultades financieras?

Hoja de presupuesto

Ingreso mensual y deducciones		**Esposa**	**Esposo**
Salario bruto menos deducciones	Sueldos y salarios (talón del cheque) Impuesto estatal sobre la renta		
	Impuesto federal sobre la renta		
	Seguridad social		
	Impuesto de salud / Medicare		
	Seguro médico		
	Seguro de vida		
	Seguro dental		
	Contribución flexible al gasto		
	Contribución al plan de retiro		
	Otras deducciones al cheque		
Salario neto total			

Si el gasto no está deducido del salario bruto, deberán presupuestar su monto a partir de sus ingresos netos.

	Otros ingresos		
	Otro dinero recibido (regalos, bonos)		
Salario neto más otros ingresos			

Gastos mensuales	**Esposa**	**Esposo**	**Presupuesto**	**Haber**
Casa				
Hipoteca o alquiler				
Cuota de condominio/asociación				
Tasa a la propiedad (e hipoteca)				
Seguro				
De casa propia o del arrendador				
Costos adicionales del seguro				
Mantenimiento				
Agua y drenaje				
Gas				
Internet/cable				
Teléfono (cel./fijo)				
Auto/transporte				
Pago del auto				
Seguro del auto				
Transporte/ Taxi				
Gasolina				
Licencia/ emplacamiento				

Continúa... ▶

Gastos mensuales	Esposa	Esposo	Presupuesto	Haber
Pago de deudas				
Estudios				
Tarjetas de crédito				
Otros				

Gastos varios				
Ropa				
Comida				
Enseres personales y cosméticos				
Estética (cabello, barba, pedicure, etc.)				
Membresías (gimnasio, club, etc.)				
Artículos domésticos				
Auto (aceite, llantas, arreglos)				
Mantenimiento de casa				
Comidas fuera de casa				
Diversión				
Mascotas (comida, veterinario)				
Guardería (costo, pensión, etc.)				
Escuela / educación de los niños				

Ahorro				
Cuenta de ahorro				
Fondo de emergencia				
Educación				
Retiro				
Para vacación/ viajes				

Donaciones				
Contribuciones				
Ofrenda parroquial				
Otras beneficencias				

Gasto total				
Superávit o Déficit netos (Ingreso menos gastos)				

Son gastos obligatorios aquéllos legalmente comprometidos, como la hipoteca, la renta o un préstamo cuyo monto estipulado que habrá que cubrir periódicamente.

Son gastos discrecionales aquéllos cuyo monto y oportunidad ustedes pueden determinar.

Sesión 4

Comunicación, manejo de conflictos y reconciliación

La conexión litúrgica

Al final de la celebración litúrgica matrimonial, o sea, de la misa, el sacerdote envía la asamblea a realizar su misión. Es una instrucción y un mandato. Con estas simples palabras, la Iglesia nos comunica el propósito de nuestra vida cristiana: hacer lo que Cristo nos pide que hagamos.

Cuando participamos en la liturgia nos involucramos con todos nuestros sentidos. Vemos el color de las vestimentas, el humo del incienso, los ministros en procesión. Escuchamos las oraciones, las lecturas y la música. Elevamos oraciones, respondemos en diálogo al sacerdote y cantamos alabanzas. Aspiramos el aroma del incienso. Damos a las personas el signo de la paz. Recibimos la Eucaristía en nuestras manos. Comemos el pan y bebemos el vino: Cuerpo y Sangre del Señor. Acogemos el mensaje de los salmos. Nos conmovemos por las peticiones que elevamos por los necesitados. Caminamos en procesión, nos arrodillamos devotamente o nos ponemos de pie para expresar nuestra alegría.

> **Glorifiquen al Señor con su vida. Pueden ir en paz.**
>
> —*Misal Romano, Despedida de la misa*

¡La liturgia es sensual! Dios se comunica con nosotros a través de Jesús, por medio de todo nuestro cuerpo. Jesucristo es nuestro gran comunicador. Cristo está presente entre nosotros por medio de los signos, símbolos y acciones en la liturgia. En ella, Cristo nos comunica el gran amor de Dios. Somos agraciados, incluso ¡abrazados! —con el abrazo de la misericordia de Dios. Nos involucramos en la acción litúrgica por medio de los sentidos para encontrar y experimentar la presencia de Cristo y comprender el gran misterio de nuestra fe. Su pareja es probablemente un misterio para usted. Poco a poco, él o ella irá revelando más y más sobre su personalidad, sus intereses y sus sueños.

Con cada toque, con cada movimiento y con cada palabra, su cónyuge se abrirá más plenamente a usted, y le permitirá encontrarse con él o ella, franca, sincera y verazmente. La comunicación entre ustedes dos debe ser un reflejo del diálogo entre Cristo y la asamblea en la liturgia. ¿De qué manera interactuar con su cónyuge para que usted refleje su amor a Dios, al tiempo que ayuda a su cónyuge a encontrarse con lo sagrado?

La sana comunicación

El matrimonio es una alianza; es una promesa sagrada entre ustedes dos y Dios. Ningún acuerdo puede sobrevivir o prosperar si los interesados no se comunican adecuadamente uno con el otro. Un alto número de fracasos entre sociedades o negocios se debe a la mala comunicación entre los interesados. Esto también podría llegar a suceder si hubiera fallas en las promesas a la alianza matrimonial que han sellado. La comunicación y el diálogo mantienen viva y próspera la alianza conyugal.

No es ningún secreto que no siempre nos comunicamos debida y adecuadamente con los demás. A lo largo de su matrimonio, especialmente en los primeros momentos, será importante establecer las bases que les ayuden a comunicarse más claramente, con amor, incluso cuando no estén de acuerdo el uno con el otro. Cada uno de nosotros cuenta con diferentes dones, talentos y experiencias de vida que nos llevan a comunicarnos de la manera que lo hacemos. El tomar en cuenta qué es lo que a usted le está molestando de su ser querido, puede incluso ser un don o talento que usted aún no ha podido reconocer en él o en ella. Es preciso brindar atención, también, a las formas en que la persona con quien usted se ha comprometido fue educada, y a las formas en que sus padres o familiares se comunicaron entre sí, así como a los efectos de los conflictos intrafamiliares no resueltos, pues todo esto viene a relacionarse con la forma en que ambos van aprendiendo a compartir sus pensamientos, sentimientos, esperanzas, miedos y experiencias. La buena comunicación se relaciona con la intimidad. Cuando pensamos en la intimidad en un matrimonio, a menudo pensamos en la intimidad sexual. Pero la intimidad es mucho más que una expresión física de cercanía. La intimidad implica también cómo se comunican entre sí: su lenguaje corporal, sus expresiones faciales, el tono de su voz y la forma en que usted toca al ser amado.

La intimidad en el matrimonio requiere de buena comunicación, pero también de volverse vulnerable y hablar sin doblez sobre sus sentimientos. El compartir y expresar los sentimientos nos brinda la libertad para evitar juicios y acusaciones, y esto nos conduce a lograr la intimidad y una conexión real entre los dos. El compartir sinceramente los sentimientos le permitirá a cada uno de ustedes descubrir su propia singularidad y los acercará aún más, tanto física como emocionalmente, el uno al otro. Los sentimientos pueden contener ira o alegría, y debido a esto, bien podría usted tratar de esconderlos por miedo a lo que pueda suceder, pero negar sus sentimientos es negar la identidad propia, y esto proyecta una falsa imagen de usted, todo lo cual terminaría generando resentimientos individuales.

Practicar la sana comunicación:

- Dediquen quince minutos semanales para practicar los consejos antes recomendados sobre la comunicación. Esto, a primera vista, parecería forzado o incómodo, pero con el tiempo fortalecerá los modos de comunicarse entre los dos.
- Comiencen compartiendo algo que haya hecho su prometido o prometida la última semana, y que usted aprecia especialmente de él o ella. Platiquen sobre la experiencia. Luego, continúen hablando de las cosas agradables que pasaron entre ustedes, esa semana. Enseguida, aborden temas más incómodos, pregúntense si alguna vez sintieron decepción o frustración con algo que hizo o dijo uno de ustedes.
- A medida que se sientan cómodos con sus habilidades para dialogar y comunicarse, aplíquenlas a la realidad cuando surja algo que necesita ser platicado, ya sea positivo o negativo.
- Al principio, es posible que necesiten escribir los puntos de comunicación en una tarjeta o un memo en su celular. Muy pronto ¡estas habilidades se convertirán en algo natural!

Conversación de la pareja

1. ¿Cuándo y cómo te comunicas mejor con tu pareja?
2. ¿Qué entornos, ambiente o estados de ánimo te ayudan a revelar tus pensamientos más profundos y hablar con sinceridad sobre tus sentimientos?
3. ¿Qué fortalezas o puntos positivos aportas al matrimonio?
4. ¿Sabes escuchar a los demás? ¿Eres un buen oyente? ¿Cómo mejorarías esta habilidad?
5. ¿Cuáles crees que son tus dones y talentos? ¿Cómo te ayudarían estos dones a mejorar la comunicación con tu cónyuge?
6. ¿Cuáles son los dones y talentos de tu pareja?
7. ¿Hay algo que te molesta de tu pareja? ¿Cómo cambiarías esta molestia en algo positivo?

La comunicación eficaz

La comunicación efectiva no ocurre de la noche a la mañana. Esto requiere de un compromiso personal igual de parte de ambos cónyuges. Apuntamos aquí algunas formas para lograr una mejor comunicación personalizada entre ustedes dos:

1. Oye, escucha atentamente

Escucha el doble de lo que hablas. Alguien ya observó que por alguna fuerte razón Dios nos dio dos oídos y una boca. No interrumpas a tu cónyuge, y haz preguntas que aclaren sus puntos, antes de que intervengas.

2. Observa el lenguaje no verbal del cuerpo

Los gestos y el lenguaje corporal en general envían mensajes poderosos del uno al otro. A veces algún gesto que te puede parecer normal, podría ser mal interpretado por tu cónyuge. Tal vez tus gestos requerirían una buena explicación.

> ¡Escuchar ya es un acto de amor!
>
> —Papa Francisco

3. Sé claro y conciso

No hay necesidad de continuar repitiendo lo dicho para convencer. Evita las palabras vulgares tanto como los términos técnicos, pues crearían un aire de superioridad y condescendencia.

4. Aclarar

Asegúrense de que ambos comprendan el asunto que conversan. Hagan más preguntas si hay dudas o confusión.

5. Ser vulnerables

Sean vulnerables, sinceros y abiertos entre ustedes. Ábranse para conocer sus respectivos sentimientos y pensamientos más íntimos. Este es el camino hacia la sanación.

6. Generar confianza

La confianza se construye con el tiempo y es uno de los elementos más frágiles de una relación. Es mucho mejor ser transparente y sincero uno con el otro. La falsedad acaba por aparecer y daña la relación.

Comunicación rota

La falta de comunicación clara y comprensiva o compasiva puede convertirse en una barrera para su matrimonio. Si llegara a colapsar su comunicación, experimentarían lo siguiente:

1. Tu pareja parece estar ausente

Todos hemos experimentado esto en algún momento: en medio de una discusión notamos que nuestra pareja asiente con la cabeza, aunque tiene húmedos sus ojos y muestra desinterés general. Los ojos húmedos no son una buena señal.

2. La misma pregunta

Siempre hay preguntas, lo que es bueno en términos de comunicación e interés. Las preguntas en sí no son un problema, pero se vuelven problema si constantemente se pide explicación sobre algo que antes ya fue aclarado.

3. Repetición constante

Quizá usted esté dando demasiada información. Tendemos a "desconectarnos" cuando un mensaje se repite y repite sin alcanzar mayor claridad.

4. Miedo

Aunque en el matrimonio es normal tener miedo a herir los sentimientos del otro, el temor restringiría la apertura y voluntad de usted de comunicar sentimientos genuinos. Evite este miedo confiando en su pareja y en la habilidad propia para colaborar en la sanación o reconciliación.

5. Esquivar, evadir

Podemos llegar a exasperarnos cuando queremos compartir nuestro yo interior. Sentirnos rechazados puede llevarnos a optar por una vía alterna. "Eso es mejor que tener otra discusión", pero no es una buena solución para los problemas que se generan dentro del matrimonio. Confróntenlos de frente hasta encontrarles solución.

Comunicarse en la era digital

Vivimos en la era digital, donde el texto y los *emojis* se han vuelto normales como formas aceptables de comunicación. La comunicación ha cambiado mucho estas últimas décadas. Es importante prestar especial atención a las redes sociales y cómo afectan los matrimonios. Las redes sociales pueden servir para aumentar una buena actitud y engranarnos en la comunidad. Su actividad en redes sociales siempre debe dar prioridad y respeto a la pareja y nunca ser hiriente, crítica u ofensiva; siempre usen sus redes sociales de manera confiable y respetuosa. Tengan en cuenta las siguientes consideraciones:

1. Mantengan sus redes sociales abiertas

Si como pareja no tienen una cuenta común de Facebook (u otra plataforma de redes sociales) asegúrense de que lo que dicen en línea no sea nada que no puedan decir delante de su cónyuge. Antes de enviar mensajes, pregúntese: "¿Es esto algo que no me importaría que mi cónyuge viera u oyera?". Es más, deje que su cónyuge lo lea primero. Es un buen ejercicio de transparencia y es una buena manera de verificar que lo que ha escrito no comunica algo ajeno a sus intenciones.

2. Digan lo que necesitan decir y díganselo a la persona indicada

En lugar de quejarse de un problema matrimonial en redes sociales, háblelo con su cónyuge directamente. Si cree que podría herir sus sentimientos o meterse en problemas, piense cómo plantear la cuestión de la forma más adecuada. En la mayoría de los casos, el siguiente enfoque da resultado: "Sé que te preocupas por mí, y sé que probablemente no fue tu intención, pero me siento [muestre emoción] cuando tú [exprese la ofensa]. No quiero que surjan problemas entre nosotros ¿Resolvemos esto juntos?".

3. Usen las redes sociales para crecimiento mutuo

No necesita una razón especial para enviar una nota a su pareja; sencillamente diga algo positivo de ella, como para presumir de él o ella frente a otros. Las redes sociales facilitan a la pareja conectarse, aunque estén separados durante el día; así evitan el riesgo de que su relación se vuelva intermitente. Solamente asegúrense de que lo que dicen en línea sea confirmado y reforzado por lo que dicen y hacen al encontrarse personalmente. No publique fotos que incomodarían al otro cónyuge, sin el debido permiso.

4. Cuando estén juntos, re-únanse

Es muy fácil, incluso estando en casa, irse a sus propios rincones para conectarse a las redes sociales. Al final, se dan cuenta de que apenas si han cruzado palabra. Esto también es común en la relaciones entre padre e hijo. Deje a un lado sus dispositivos personales y planee un tiempo para "conectarse" cara a cara (pero no como el producto de Apple).[1]

Conversación de la pareja

1. ¿Qué lugar ocupan las redes sociales actualmente en tu vida?
2. ¿Alguna vez has dicho algo en las redes que molestaría o halagaría a tu prometido o prometida?

1. Este listado fue compilado de Scott Williams, *FamilyLife*, artículo online, disponible en: www.familylife.com/articles/topics/life-issues/challenges/media-and-entertainment/4-ways-to-avoid-being-a-social-media-marriage-casualty/ (acceso del 9 de diciembre de 2019).

Manejo de conflictos

Es bueno comenzar toda comunicación confiando en lo que sustentará su matrimonio. Su matrimonio es una alianza, una promesa. Ustedes dos son un equipo. Su misión es formar una sociedad de amor y vida. Cuando surjan conflictos, ustedes no son bandos rivales sino un equipo tratando de llegar juntos a la meta.

Todas las parejas discuten. No siempre estarán ambos de acuerdo sobre las metas y cómo alcanzarlas. Hay cinco problemas básicos sobre los que casi todas las parejas tienen discrepancias en algún momento de su matrimonio: tiempo, sexo, dinero, niños y familiares. Las parejas que perseveran en su matrimonio manejan sus desacuerdos de manera diferente a las parejas que se divorcian, aunque tengan la misma cantidad de conflictos. Los desacuerdos son una señal de que hay dos personas inteligentes y únicas que dialogan. No son los desacuerdos los que arruinan una relación, sino las formas de manejar y resolver las diferencias.

Como elegidos de Dios, consagrados y amados, revístanse de sentimientos de profunda compasión, de amabilidad, de humildad, de mansedumbre, de paciencia; sopórtense mutuamente; perdónense.

—Colosenses 3:12–13

Formas de manejar los desacuerdos:

- Decidan lo que quieren.
- Mantengan la calma y la confianza.
- Sean respetuosos, corteses y amables en todo momento.
- Enfóquense en el asunto o asuntos importantes.
- Apéguense al tema.
- Sean sinceros y digan lo que sienten.
- Asuman la responsabilidad que les toca en cada situación.
- A veces basta respirar profundo y pausar.
- Intenten encontrar humor en la situación.
- Está bien llorar.
- Comprométanse y negocien.
- Acepten las deficiencias de uno y otro.
- Traten de entender la perspectiva del otro.
- Hagan contacto físico con el cónyuge (tierno, positivo y amoroso).
- Pídanse disculpas, cuando sea necesario.
- Den seguimiento al asunto si es necesario.
- ¡ÁMENSE!
- Oren juntos.
- Vean en su cónyuge a Cristo.

En una discusión, eviten lo siguiente:

- Ganar.
- Interrumpir.
- Discutir de trivialidades.
- Regañar y sermonear.
- Cambiar el tema.
- Poner excusas.
- Gritar o recurrir al sarcasmo.
- Usar: "Sí, pero...".
- Atribuir culpas.
- Ponerse sobrenombres, hablar con groserías o injuriarse.
- Acusarse.
- Dejar de hablar y de comunicarse.
- Alejarse.
- Refugiarse en "su fortaleza".
- Hablar de incidentes pasados.
- Generalizar.
- Precipitarse a conclusiones.
- Exagerar.
- Criticar o exasperarse cuando su cónyuge llora.
- Usar palabras como *nunca, siempre, debes.*
- Hablar sobre la opinión que otros tienen de la pareja de usted.
- Comparar a su cónyuge con otro pariente.
- Avergonzar a su pareja.
- Mostrar desprecio por las ideas de su pareja.
- Despreciar los sentimientos o ideas de su pareja.
- Reírse de su pareja o divertirse a costa de ella.
- Discutir en público o delante de los niños.
- Criticar a su cónyuge en medios de comunicación social.
- Publicar memes o comentarios pasivo-agresivos en redes sociales.
- Denostar o denigrar a su pareja ante amigos, familiares o colegas.
- Amenazar con un ultimátum.
- Irse a la cama enojados.
- Rechazar toda responsabilidad.
- Amenazar con el divorcio.
- Pelear cuando ha tomado; sobriedad ante todo.
- Tirar, quebrar objetos o usar cualquier forma de violencia (física o emocional).[2]

Concluir las discusiones

El objetivo principal de cualquier conflicto es resolverlo, concluirlo o terminarlo. Terminar con el conflicto les permitirá seguir adelante, seguros de que no volverá a surgir el mismo tema.

Es importante diferenciar entre problemas y dificultades. A menudo, a un conflicto se le define como un problema. De pronto se dan cuenta de que están abrumados por problemas aparentemente interminables. Fundamentalmente, los problemas residen en los componentes básicos de una relación: confianza, respeto, fidelidad, honestidad y demás. Cuando estos aspectos importantes del matrimonio se fracturan, estos se tornan en dificultades. Pero las dificultades deben estar mucho mejor definidas. Identificar las dificultades y concentrarse en sus soluciones les permitirá un proceso más efectivo para resolverlas.

Generalmente, cuando surge un conflicto, se desbordan las emociones. Hay que dejar que la atmósfera tóxica de las emociones disparadas se disipe para abordar la situación más tranquilamente. Piensen en establecer una "palabra clave" para usarla cuando las emociones se vuelvan incontrolables y se necesite un respiro. Dicha palabra o frase solamente la conocen ustedes, ambos cónyuges, y únicamente la utilizarán cuando sea oportuno. No debe usarse como un arma de control. Ambos pueden invocar este "código" para darse una tregua.

Al retomar la discusión, si las emociones todavía están desbordadas, deberán recurrir al código hasta que sean capaces de controlarse en la discusión.

2. Ante el menor indicio de violencia o abuso en el matrimonio, busque ayuda inmediatamente. Vea las páginas 63–65 en este libro.

El proceso de concluir una discusión

Los siguientes pasos les ayudarán a concluir una discusión. No es un ejercicio para fabricar una solución donde "todos ganan", sino una solución ganadora.

1. Definan el problema

Hablen con detalles y en términos específicos.

2. Reconozcan las contribuciones individuales a la solución

Hablen de forma abierta y sincera sus propias deficiencias personales.

3. Exprésense en primera persona del singular ("yo", "a mí, me") al hablar de lo que sienten

Es importante hacerlo desde la perspectiva de primera persona. Las declaraciones en "tú" (segunda persona de singular) se interpretarían como acusatorias y harían que su cónyuge se ponga a la defensiva.

4. Identifiquen intentos previos de solución

Anoten los esfuerzos de resolución que hayan fracasado.

5. Lluvia de ideas

Hagan una lista de posibles soluciones para resolver un problema (no más de diez). Es importante no juzgar ni criticar las sugerencias de su cónyuge.

6. Evalúen sugerencias

Comenten cada sugerencia y permitan que aflore la emoción y se exprese. Sean objetivos e imparciales en sus juicios.

7. Acuerden una solución

Seleccionen una posible solución y pónganla a prueba. Ésta podrá o no ser la solución al problema, pero es un punto de partida. Si falla, ¡les quedan nueve!

8. Involúcrense

Anoten qué aportará cada quien a la solución. Sean específicos y acepten la solución. Eviten la excusa de "te lo dije" o "eso no funcionará", si la solución falla.

9. Progresen

Estipulen otro momento para revisar la solución y hacer los ajustes necesarios.

Acostúmbrense a concluir

Después de un desacuerdo, ya sea inmediatamente o más tarde, reserven un tiempo para que, cuando hayan recuperado ambos su estabilidad emocional, hablen de lo que pasó. Usen la lista anterior para ayudarse a procesar juntos lo sucedido y así concluir un asunto. También en este momento tales discusiones pueden ser incómodas, pero con la práctica, esto se les volverá natural y su relación se beneficiará de su sinceridad y su vulnerabilidad.

Amenazas graves para el matrimonio

En el matrimonio cristiano, cada uno promete "ser fiel... amar... y respetar... todos los días de [su vida]". Estas promesas exijen mucho trabajo, compromiso y respeto mutuo. Para que su matrimonio funcione, usted debe reflexionar sobre sus votos regularmente y esforzarse todos los días para cumplir estas promesas, observarlas y honrarlas. Con todo, esas promesas pueden llegar a romperse. Es bueno estar conscientes de los retos y serios desafíos que amenazan el matrimonio. Cuando tales retos aparecen, muchas veces se requiere de asistencia y asesoría profesional para vencerlos. Busquen de inmediato la ayuda de Caridades Católicas o de alguna consejería matrimonial, incluso en su parroquia, cuando comiencen a notar fallas con respecto a sus promesas. No se den por vencidos; lo importante es buscar ayuda lo antes posible. Luchen, como si se tratara de una enfermedad progresiva, por la salud de su matrimonio. Cuando se trata de abuso sexual, sería difícil superar la situación física y emocionalmente. La actitud cristiana es de reconciliación y el perdón, pero esto de ninguna manera significa permanecer en una situación de abuso, inseguridad y riesgo.

1. Abuso

El abuso conyugal puede ser sexual, físico, verbal, mental o incluso financiero. Ninguna forma de abuso cabe en el matrimonio cristiano. Se consideraría abuso como la pérdida de control por parte del cónyuge que siente la necesidad de dominar y controlar al otro. A menudo, la vergüenza se interpone para hablar al respecto, incluso con familiares cercanos y amigos. Esta falta de confianza es resultado de sentimientos de vergüenza, la cual, sería un efecto del estigma asociado al abuso. Y, ante cualquier forma de abuso, el primer paso para sanar y recuperarse, será que el abusador lo reconozca y acepte. Busquen siempre la asistencia profesional. Un comportamiento abusivo no se cura por sí solo. Si usted o un familiar es víctima de abuso, es imperativo buscar ayuda de inmediato. Consulte más información sobre el abuso en la página 63.

2. Infidelidad

¿Por qué las parejas se engañan? Somos seres sociales y estamos condicionados a buscar la felicidad. Después de períodos prolongados de abandono o rechazo, intentamos automedicarnos llenando ese vacío con el apoyo de otros. Esto no significa que el otro cónyuge es quien tenga la culpa de la falta de atención o apoyo emocional que sentimos. Cierto que sería un factor en la ecuación, pero pocas personas se despiertan pensando: “Hoy voy a ser infiel”. La doctrina católica es clara: la infidelidad conyugal es adulterio (una falta contra el séptimo de los Diez Mandamientos), y la infidelidad incluye el deseo de aventura física y emocional. “El adulterio es una injusticia. El que lo comete falta a sus compromisos. Lesiona el signo de la Alianza que es el vínculo matrimonial. Quebranta el derecho del otro cónyuge y atenta contra la institución del matrimonio, violando el contrato que le da origen. Compromete el bien de la generación humana y de los hijos, que necesitan la unión estable de los padres”.[3]

3. Abuso de alcohol o drogas

Las drogas y el alcohol pueden destruir un matrimonio fácilmente cuando uno de los dos prefiere las drogas o el alcohol a pasar tiempo con su cónyuge. Muchas de los asuntos de desconfianza, resentimiento y desunión sexual son a menudo síntomas de ese tipo de abusos. La negación es a menudo la primera línea de defensa de la persona que padece este desorden. Es común que un cónyuge culpe a la otra persona por la adicción, cuando la verdadera culpa debe recaer en la enfermedad. Uno debe permanecer alerta y no descuidarse. Hay programas y tratamientos disponibles en muchas comunidades y parroquias, como los de Alcohólicos Anónimos (AA), Caridades católicas, hospitales o clínicas médicas y otras organizaciones que cuentan con consejerías y otros servicios.

4. Pornografía

La pornografía es una epidemia en todo el mundo, especialmente por internet. Sin salir de casa, una persona está a un par de clics de contenidos sexuales los siete días de la semana. Aunque la mayoría del contenido pornográfico es visto por varones, cada vez más mujeres lo visitan. El uso de la pornografía cosifica al otro cónyuge (mujeres y hombres) e introduce a una tercera persona en la relación. La pornografía es una forma de adulterio e infidelidad. Médicamente, sabemos que el uso prolongado de estos medios crea un deseo más intenso por más de lo mismo. La pornografía resulta casi tan adictiva como las drogas y el alcohol. La

3. *Catecismo de la Iglesia Católica*, 2381.

doctrina católica es muy clara: el uso de pornografía "Ofende la castidad porque desnaturaliza la finalidad del acto sexual. Atenta gravemente a la dignidad de quienes se dedican a ella (actores, comerciantes, público), pues cada uno viene a ser para otro objeto de un placer rudimentario y de una ganancia ilícita. Introduce a unos y a otros en la ilusión de un mundo ficticio".[4] Si te encuentras luchando con una inclinación o adicción a la pornografía, visita http://www.pornharms.com.

5. Tecnología

Nuestro mundo tecnológico es un don y un homenaje a la capacidad intelectual de la humanidad. La tecnología ha aumentado la productividad, ha hecho que muchas tareas sean más simples y proporciona acceso a muchas informaciones, pero tiene sus riesgos también; pasamos demasiado tiempo pegados a la pantalla y a los juegos. Al mismo tiempo, la tecnología puede ser utilizada como una herramienta para facilitar el acoso, el control y el abuso. El ciberacoso es apenas un ejemplo de consecuencias severas. El portal mencionado en el párrafo previo también ofrece informaciones sobre otros tipos de abuso. Como en cualquier otra atracción, la moderación es importante.

La conciencia

La conciencia es una voz interior que nos impulsa a evaluar sinceramente nuestros comportamientos y a reconocer los efectos negativos de nuestras decisiones y el deseo de cambiar nuestro corazón para volvernos a Dios.

Con la gracia de Dios, podemos cambiar los comportamientos que nos alejan de él y lastiman nuestras relaciones. La gracia divina o santificante es la ayuda con la cual Dios hace posible que realicemos las cosas que más se nos dificultan cuando egoístamente dependemos de nuestros deseos y caprichos solamente. Aunque de alguna manera, todos nos quedamos cortos en la realización de nuestros ideales, la gracia de Dios nos ayuda a ser el tipo de personas que podemos ser. Tener una conciencia bien formada implica estudiar la mejor información disponible como un importante punto de partida. Esto incluirá aprender lo que la Iglesia Católica enseña sobre varios tópicos.

En ocasiones, las personas tienen serias dificultades para vivir de acuerdo con la enseñanza católica sobre asuntos sexuales. La Iglesia comprende y alienta a todos a encontrar apoyo en la oración y a no perder la confianza en la misericordia y el amor de Dios. Tenemos el deber y la obligación de buscar la verdad tanto como nos sea posible, buscando el sabio consejo de la Iglesia y de aquellos que nos pueden orientar en la dirección correcta. En el matrimonio y la vida familiar, las personas están llamadas a tomar decisiones sobre temas que cambian su vida. Los católicos tienen un proceso de toma de decisiones para ayudar a guiarlos en cuestiones morales, así como en cuestiones prácticas.

Proceso para tomar buenas decisiones:

- Identificar necesidades y deseos, que pueden no ser idénticos.
- Definir el resultado que cada uno espera. ¿Cuál quieren que sea el resultado final? ¿Están de acuerdo en lo que quieren?
- Enumeren las alternativas. ¿Hay otras opciones? ¿Pueden posponer su decisión?
- Obtengan más información. Consideren los detalles sobre el tema en cuestión; reúnan toda la información de tantas fuentes como les sea posible.
- Evaluar. Sopesen y comparen la información obtenida. Consideren si cada asunto favorece o no lo que buscan.
- Dialoguen sinceramente. ¿Qué resultado espera cada uno de ustedes? ¿Qué piensa y siente cada uno de ustedes sobre lo que creen más importante?
- Oren; pidan que logren decidir adecuadamente. Oren durante todo el proceso, por separado y en pareja.
- Tomen una decisión informada. Analicen todos los datos y luego tomen su decisión con confianza.

4. *Catecismo de la Iglesia católica*, 2354.

- Compartan sus opiniones entre ustedes. Si surgen discrepancias, reactiven el proceso de discernimiento nuevamente.
- Revisen sus decisiones periódicamente. Con el paso del tiempo, pueden cambiar de opinión, o afirmarse en su propósito.

Examen de conciencia

El sacramento de la reconciliación, conocido como confesión o penitencia, nos ayuda a examinar nuestra conciencia. Confesar nuestras dudas y nuestros miedos puede ayudarnos a perdonar a los demás. El sacramento de la penitencia es una oportunidad para encontrarnos con la misericordia de Dios a través de la persona de Jesucristo. La conversión del corazón también se alcanza mediante la oración diaria, el examen de conciencia, la reconciliación interpersonal y el cuidado y atención a los necesitados.

Acudir a la confesión antes de su matrimonio es una buena decisión. Si ya ha pasado tiempo desde su última confesión, no se preocupen; el sacerdote lo atenderá a usted y lo ayudará gustosamente, absolverá sus pecados en nombre de Cristo, para obtener la gracia de Dios.

Examen personal de conciencia

- ¿He sido capaz de escoger lo que es correcto y bueno?
- ¿Me he comprometido con lo que sé que es correcto?
- ¿Acepto tanto mi bondad como mis deficiencias?
- ¿Defiendo mis creencias en todas las áreas de mi vida?
- ¿Estoy consciente de mis necesidades básicas y mi dependencia de Dios?
- ¿Soy sensible al dolor y sufrimiento de otras personas?
- ¿Se me da el compartir la pena de alguien más?
- ¿Puedo mantener la calma ante el dolor, la ira o la confusión?
- ¿Acepto que me hace falta el perdón y la misericordia de Dios?
- ¿Estoy en disposición de perdonar cuando alguien me ha hecho daño?

Perdón y reconciliación

Cuando surga un conflicto, como les sucederá en la vida matrimonial, recuerden los votos que hicieron (su consentimiento al casarse por la Iglesia). Después de intercambiar este consentimiento nupcial, el sacerdote o el diácono les preguntará: "¿Están decididos a amarse y respetarse mutuamente, siguiendo el modo de vida propio del Matrimonio durante toda la vida?"[5] Cuando expresan su mutuo consentimiento se reciben el uno al otro diciendo: "prometo serte fiel / en la prosperidad y en la adversidad, / en la salud y en la enfermedad, / y así amarte y respetarte / todos los días de mi vida".[6]

Ser fiel es mucho más que prometer no tener otros amantes. Ustedes se comprometen a mantener la fe en su matrimonio y en su vocación conyugal, para ser signo de la fidelidad de Dios al mundo. Prometen mantenerse unidos, cualesquiera que sean los desafíos de su vida matrimonial. Cada uno promete permanecer al lado de su cónyuge y mantener abiertas las líneas de comunicación y respeto entre los dos.

Amarse significa buscar activamente el bien del cónyuge y mirar más allá de sus defectos para ver la hermosa persona que Dios ha creado. Piensen en cómo Dios, nuestro Padre bueno y amoroso, les ha perdonado sus pecados. Ámense como Dios los ama.

Respetarse significa estimar y tratar al otro con honor por la persona que es. A veces la palabra *apreciarse* usa en lugar de *honrar*, pero el significado es el mismo. Practiquen y acostúmbrense a verse el uno al otro con afable cordialidad, incluso si se sienten distantes o están en desacuerdo. Piense en el tipo de trato que usted quisiera recibir; entonces,

5. *Ritual del matrimonio*, 60.
6. *Ritual del matrimonio*, 62.

trate a su cónyuge de esa manera. Continúen tratándose el uno al otro como lo hicieron cuando salían juntos y comenzaron a enamorarse. Sean mutuamente corteses. Abra la puerta a su cónyuge. Diga "por favor" y "muchas gracias". Escuche con atención. Usted honra a su cónyuge cuando vive conforme al compromiso de amarlo, incluso si ocasionalmente no fue amable.

Cuando alguno de ustedes comete una equivocación, que la admita y se disculpe. Cuando tenga razón en algo, que no se vanaglorie. Disculparse sinceramente significa asumir la responsabilidad de los propios actos con el propósito de cambiar. Háblense con respeto, incluso cuando sientan enojo. Eviten dejar de hablarse ("la ley del hielo") o cortar el buen humor. Eliminen los comportamientos irrespetuosos, como poner los ojos en blanco, interrumpir y hablar mal de otras personas. Todo el mundo merece ser escuchado, incluso si usted está en desacuerdo con las opiniones de la otra persona.

Más bien sean buenos y comprensivos unos con otros, perdonándose mutuamente como Dios los ha perdonado en Cristo.

—Efesios 4: 32

El perdón no debe exigirse ni apresurarse. Nadie debe ser obligado a perdonar antes de tener verdadera disposición para ello. El perdón es un proceso, y es posible que se deban dar varios pasos antes de perdonar: hablar de sentimientos, haciendo todo lo posible por comprender el punto de vista de la otra persona, aceptar que se ha lastimado a alguien. Ayudar a reparar el daño en la relación para mantenerse conectados para que el amor crezca entre los dos.

Pasos para el perdón

- Pregúntese cuál es el problema.
- Asegúrese de escuchar lo que el otro está diciendo y de que se están escuchando mutuamente.
- Pida a Dios que le dé la habilidad de entender cuáles son las motivaciones de su pareja.
- Decida si ya puede pedir disculpas o aceptar las disculpas de su cónyuge.
- Si siente que usted todavía no puede perdonar, tal vez necesite tiempo para pensar en lo sucedido.
- ¿Nota usted que la otra persona se siente mal por lo que hizo? Si no, el perdón se dificultaría aun más. En este caso, sería buena idea buscar la opinión de un consejero de su confianza.
- Si usted ya puede pedir perdón, diga: "Siento mucho que...". O si la otra persona es quien se disculpa, diga: "Acepto tu disculpa", si es que usted está en la disposición de aceptarla.
- Comprométase a acciones concretas para responder a las necesidades o preocupaciones de su pareja.
- Haga las paces y reconcíliese con su cónyuge.

Demuestre usted su deseo de reconciliarse después de un desacuerdo, reconociendo sus errores en lugar de darles vueltas. Busque oportunidades para seguir adelante y actuar mejor la próxima vez. No ponga excusas. Deje de lado la ira y decida hacer un cambio.

Reconozca las áreas que usted (y su pareja) necesitan mejorar. No se ponga a la defensiva, haga el esfuerzo de entender y comprender. Cuando su pareja note que usted toma en serio lo que hace y que se preocupa por ella, será más probable que se sienta valorada y respetada. Esto crearía un ciclo positivo donde ambos se sentirían más apreciados, valorados y respetados.

Conversación de la pareja

1. ¿Quién o qué es lo que te causa ira? ¿Cómo lo manejas?
2. Comparte un ejemplo o experiencia de perdón que te haya impactado.
3. ¿Qué piensas que significa "poner la otra mejilla"?
4. ¿Qué podemos hacer cuando se torna difícil perdonar?
5. Recuerda un momento en que te resultó difícil perdonar. Comparte la historia y el resultado.
6. ¿Cuándo es aceptable no perdonar?
7. Piensa en alguien que ha guardado rencor. ¿Qué efecto ha causado el rencor en esa persona?
8. ¿Qué papel juega Dios en que nos perdonemos el uno al otro?

Sesión 5
La vida de oración y discipulado

La conexión litúrgica

El día en que ustedes celebraron su sacramento, algunas de las palabras finales que escucharon en la liturgia fueron las de la bendición solemne, que el sacerdote o el diácono invocó sobre ustedes:

> **N.** y **N.**, que el eterno Padre los conserve
> unidos en el amor,
> para que la paz de Cristo habite en ustedes
> y permanezca en su hogar.[1]

El texto habla del centro de su vida espiritual esponsal. Recordemos quién es Dios, porque es muy importante para valorar lo que significa tener una vida espiritual.

A lo largo de los siglos, los cristianos se han esforzado por comprender quién es Dios. En las Sagradas Escrituras, el autor de la Primera carta de san Juan escribe que "Dios es amor" (4:8). Su amor es muy especial, porque está concentrado en el otro; es amor incondicional, que sale de sí en busca verdaderamente de lo mejor para la otra persona, en cualquier circunstancia.

Cuando se casen, ambos estarán uniendo sus vidas individuales para hacer una común. Esto implica compartir diferentes aspectos de su vida en un modo nuevo y emocionante.

Su vida física, emocional, mental y familiar, por mencionar sólo éstas, serán ingredientes de la plenitud total de su vida esponsal común. Esto es mucho más que la suma de factores, porque lo que compartirán va a generar algo tan novedoso y profundo como una vida propia común, su vida espiritual.

¿Qué es una vida espiritual? Su vida espiritual refiere al más profundo sentido y valores que ustedes tienen en su vida matrimonial. Cómo comienzan su día, cómo reflexionan sobre el día que ha pasado, cómo miran al futuro, cómo respetan su pasado: todo tiene su conexión en su vida espiritual. Esto habla de cómo se conectan con Dios y, por lo tanto, con los demás. Su vida espiritual es central a su existencia de seres humanos. Al casarse, sus vidas espirituales individuales se van a fundir en su espiritualidad marital y van a enriquecer su matrimonio.

Ambos han entrado en la alianza matrimonial como socios iguales. Cada uno de ustedes ha recibido de Dios grandes dones y talentos únicos. Ustedes podrán compartirlos directamente con su cónyuge, primero. Servirse el uno al otro, con autenticidad y de una manera que realmente ayude al otro a ser mejor, hará más fuerte lo que poseen juntos. Ponerse al servicio de su amada o amado les permitirá "perseverar en un mismo amor",[2] y fortalecer su vínculo matrimonial. ¡Este amor va a irradiar a su entorno!

1. *Ritual del matrimonio*, 77.
2. *Ritual del matrimonio*, 73.

Es importante reconocer la equidad indispensable de su relación esponsal. Uno no ha de dominar sobre el otro, pues ambos entrarán en una alianza matrimonial siendo socios que comparten la tarea de mantener vivo un único corazón, amorosamente activo y procurándose el bien, el uno al otro.

Segundo, participar activamente en la vida de la Iglesia les ayudará a ambos abrirse a que la paz de Cristo habite en ustedes.

He aquí hay algunas ideas:

- Formar parte de una comunidad de fe les facilitará escuchar la Palabra de Dios proclamada, para que les modele su estilo de vida diaria.
- Asistir juntos a misa los unirá más a Cristo presente en la misa y en la comunidad eclesial, para que así vayan ambos a compartir con el mundo lo que en misa han recibido.
- Busquen maneras de participar en su parroquia o en otra en la que se sientan a gusto. Busquen ministerios en los que ustedes aporten y hagan la diferencia para otras personas; verán cómo esto los nutre y los une más.
- Busquen una comunidad de fe pequeña que les ayude a crecer como pareja. Tal vez su parroquia tenga algo ya organizado o ya conectado con otras parejas casadas. Si su parroquia no tiene nada así, pregunte en la oficina de vida familiar diocesana; tal vez puedan conectarlos con un pequeño grupo de fe.
- Si han sido bendecidos con hijos, el estar vinculados con una comunidad eclesial les ayudará a alimentar el crecimiento y el desarrollo espiritual propios. Involucrarse con su comunidad parroquial fortalecerá a toda su familia.

Encontrar una comunidad de fe y anclar su matrimonio en ella, permitirá que, en su vida espiritual de pareja, arraigue más profundamente la presencia de Cristo.

Tercero: conectarse con su entorno. Al estar siendo formados en una comunidad eclesial, ustedes están también ayudando a compartir la Buenas Noticia con otras personas de su entorno, incluso tan sólo con su modo de vivir. La manera como ustedes tratan a los demás en los distintos círculos en los que se desenvuelvan sería el camino para que la paz de Cristo llegue a otros. Esto lo vamos a explorar en la siguiente sección.

Conversación de la pareja

1. ¿Cómo ha sido tu desarrollo espiritual hasta ahora? ¿Te consideras una persona espiritual?
2. ¿Consideras que tu futuro cónyuge es una persona espiritual?
3. ¿Qué personas de tu infancia influyeron en tu desarrollo espiritual? ¿Qué aprendiste de ellas? ¿Dónde nota su influencia en su propio itinerario espiritual?
4. ¿Cómo resuena esta frase de la Escritura en ti: "Dios es amor" (1 Juan 4:8)?
5. ¿Por qué decidieron casarse por la Iglesia Católica? ¿Les costó trabajo tomar juntos esta decisión?
6. Si tenías alguna duda de casarse por la Iglesia, ¿cómo la resolviste?
7. ¿Cómo valoras tu su relación de pareja en cuanto al juego de poder?
8. ¿Quién de los dos es más dominante en su relación? ¿Se tratan como socios iguales?
9. ¿Hasta ahora cuál ha sido tu experiencia personal respecto a involucrarse en la Iglesia?
10. ¿Qué proyectos ministeriales, programas o de servicio apostólico has explorado hasta ahora?
11. ¿Cómo ha sido tu experiencia en la vida de la Iglesia?
12. ¿Cuál es tu perspectiva respecto a ser parte activa de una comunidad de fe?
13. ¿Cuál crees que es la perspectiva de tu cónyuge en cuanto a formar parte activa de una comunidad de fe?
14. ¿En qué áreas de la vida parroquial crees que podrías involucrarte más?
15. ¿Qué oportunidades te gustaría explorar para que se involucren más tu futuro cónyuge y tú?
16. ¿Cómo puede fortalecer la relación con tu pareja el involucrarse en un apostolado parroquial?
17. ¿Cómo es tu vida de oración individual en estos momentos?
18. ¿Cómo es su vida de oración conjunta, de pareja, en este momento?
19. ¿Qué te gustaría explorar para reforzar su vida de oración como pareja?

La vida de oración

Un paso decisivo para ayudar a desarrollar su vida espiritual de pareja sacramentada es el de cultivar una vida de oración juntos. Digámoslo con palabras del Venerable Patrick Peyton: "La familia que reza unida permanece unida".[3] La oración forma parte esencial de nuestra vida cristiana, pues nos ayuda a cobrar conciencia de la presencia de Dios entre nosotros y profundiza nuestra relación con él. A las parejas sacramentadas, la oración les ayuda a hacer que Cristo sea el centro de su matrimonio y les ayuda a ser el uno para el otro, especialmente en situaciones adversas. La oración, además de que nos permite comunicarnos directamente con Dios y ser conscientes de su presencia, va cambiando nuestros corazones. Algunos vehículos lucen en la defensa una calcomanía muy popular con la leyenda LA ORACIÓN CAMBIA LAS COSAS. Sería más preciso decir: "La oración cambia a las personas y las personas cambian las cosas".

Las parejas de recién casados aprenden lo importante que es hacer de la oración una prioridad en su vida, especialmente cuando enfrentan surgen las adversidades de la vida, como la enfermedad, la muerte, la pérdida de un trabajo o una relación rota, o enfrentan la infertilidad o un aborto espontáneo. También las parejas aprenden la importancia de orar dando gracias a Dios en momentos de gran alegría, como una promoción en el trabajo, la llegada de un hijo o cuando alguien a quien queremos recibe el alta médica.

Las parejas se van a beneficiar de rezar ya sea juntos o individualmente. Si rezar unidos, en pareja, es elogiable, también lo es apartar un tiempo para la oración individual. Se puede orar usando oraciones tradicionales como el Padrenuestro o el Avemaría, u oraciones espontáneas, jaculatorias o alabanzas y de corazón. Se puede dedicar un momento del día para estar a solas con Dios, en silencio. Si una pareja se conoce más y profundiza su relación al pasar tiempo juntos, la oración brinda a las parejas una oportunidad de oro para pasar tiempo con Dios y entre ellos, y así profundizar su relación con él y con los demás. Cuando cada uno de los cónyuges tiene una vida de oración saludable, hay una mayor probabilidad de que tengan una vida de oración saludable de pareja.

Una parte importante de la vida de oración, sea de cada individuo o de la pareja, es orar para que otras personas superen la adversidad. Oremos por las personas enfermas que amamos o aquellas de la otra cuadra a quien no conocemos, o las que sufren hambre, persecución, enfermedad u opresión en alguna parte del mundo. Orar por los demás nos recuerda que no vivimos aislados.

La misa

El centro de la vida de oración de las parejas sacramentadas debe ser la celebración de la misa dominical y honrar el día de la resurrección del Señor, no simplemente tener un día de ocio y descanso, sino adentrarse en el misterio de la muerte y resurrección de Cristo.

La misa es lo más importante de nuestra semana; no asistimos por cumplir una obligación. Nos da la fortaleza y el alimento espiritual que necesitamos para la semana.

3. Información en inglés sobre el P. Peyton se encuentra en www.fatherpeyton.org.

Lograr que la misa dominical se vuelva una prioridad en la vida de la pareja sacramentada es todo un reto en nuestra sociedad, pues, a menudo, las personas tienen dos trabajos o trabajan horas extra para sostenerse o prepararse económicamente para cuando lleguen los hijos. Eventos deportivos y recreativos, ponerse al día con familiares y amigos, el mantenimiento de la casa y un sano equilibrio de ejercicio, descanso y sueño requieren también tiempo durante el fin de semana.

Es capital que las parejas aparten las horas de la misa dominical en el calendario, para hacerla una prioridad en lugar de un evento al que se asiste cuando hay tiempo. Algunas parejas integran la misa en su rutina, para convertirla en prioritaria. Así, después de la misa del sábado o del domingo por la tarde acostumbran tener una comida o cena especial. Si les funciona mejor la misa del domingo por la mañana, pueden hacer seguir a la misa un desayuno o almuerzo, o un desayuno casero especial. Puede llevarles tiempo encontrar una rutina que les funcione, por lo que deben ser pacientes. Y, por supuesto, si los niños se vuelven parte de la familia, la rutina cambiará naturalmente.

Participando del sacrificio eucarístico, fuente y cumbre de toda la vida cristiana, [los fieles] ofrecen a Dios la Víctima divina y se ofrecen a sí mismos juntamente con ella.

—*Lumen gentium*, 11

A algunas parejas, participar en un ministerio litúrgico les ayuda a conectarse mejor con la misa y las mantiene en ese ritmo. Pueden, incluso, desempeñar juntos un ministerio como lectores, ministros extraordinarios de la sagrada Comunión, ujieres, saludadores o miembros del coro. Muchas parroquias reciben muy bien a parejas de jóvenes recién casados y son flexibles en programarlos, conscientes de las diversas exigencias que tienen que cumplir.

Orar en diversos momentos del día

Bendecir la mesa es otra forma tradicional de oración que puede adoptar la pareja al comer juntos. Hacer una simple cruz o dar gracias a Dios por los dones recibidos y compartidos los unirá en ese momento. En un restaurante o en un sitio público, las parejas pueden bendecir en voz moderada o baja. Pensar

en los que no tienen comida los impulsará a ejercer la caridad en pareja.

El comienzo y el final del día son momentos muy adecuados para hacer una pausa y dar gracias a Dios por lo que ha pasado y pedirle fortaleza para lo que está por venir. Muchas parejas se sienten más a gusto haciendo una oración informal en esos momentos cotidianos de transición, pero otras quieren algo más formal, incluso algo del ritual oficial de la Iglesia, como el rezo de Laudes, por la mañana; Vísperas, al atardecer; o Completas, por la noche. Esas oraciones consisten fundamentalmente en la recitación de salmos, un himno, una lectura muy breve de la Escritura, unas intercesiones y el Padrenuestro. Esta oración se hace en unos quince minutos.

Hay aplicaciones de internet que facilitan la oración de las personas, mientras se trasladan a su trabajo o regresan a casa.

La adoración eucarística o la Hora santa

Pasar tiempo en presencia del Santísimo Sacramento fuera de la misa ayuda mucho a incrementar la relación con Cristo. Visite al Santísimo en cualquier momento que la iglesia o la capilla de la adoración perpetua estén abiertas, para adorar frente al sagrario, o ante Jesús sacramentado, cuando la

Hostia consagrada es expuesta en una custodia para la adoración de los fieles, en una Hora santa, estipulada por la parroquia, a la semana o al mes.

Orar con las Sagradas Escrituras

Orar con las Escrituras es una excelente manera de estar con Cristo. Lean, individualmente o en pareja, uno o más capítulos de las Escrituras a la vez, o concéntrense en una o dos frases clave. Orar o meditar pasajes clave de las Escrituras es una práctica muy antigua de la Iglesia y se le conoce como Lectio Divina o Lectura Sagrada.

Tengan una Biblia en su hogar. Una Biblia familiar más grande y más bellamente diseñada podría colocarse incluso en un área común y usarla para la oración más formal, mientras que una Biblia de estudio más pequeña podría tenerse al lado de la cama o en una mesita de noche para una consulta más rápida. Resulta útil escribir notas en la Biblia misma o en un diario. Tengan lápiz a mano. Juntos o por su cuenta, lean los pasajes relacionados con la época del año. Algunas personas acostumbran guardar tarjetas de oración conmemorativas de los funerales de personas significativas en la Biblia familiar.

El rosario

A muchas parejas les sirve de apoyo y consuelo el rezo individual, o en conjunto, del santo rosario. Esta práctica antigua es muy popular y puede hacerse en cualquier momento y lugar. Consiste en contemplar cinco episodios o misterios de la vida de Cristo.

El rosario es una especie de collar de perlas, cuyas cuentas o bolitas sirven para contar las Avemarías.

Hay cuatro conjuntos de misterios (gloriosos, gozosos, dolorosos y luminosos), para los diferentes días de la semana. Cada misterio va acompañado de la recitación de un Padrenuestro, diez Avemarías y el Gloria al Padre.

Silencio

En ocasiones, será mejor no tener una oración estructurada o formal. El silencio convida a hablar directamente con Dios y a escucharlo.

Procurar un espacio libre de distracciones es crear la oportunidad de escuchar a Dios. Esto es muy importante, especialmente cuando alguno, o ambos, están discerniendo la voluntad de Dios sobre el rumbo de sus carreras, situaciones de su relación, o decisiones importantes a tomar como la de tener hijos, la compra de una casa o alguna situación familiar que les atañe.

Participar en la vida parroquial

Participen, como pareja, en la vida de su parroquia. Acudan a una misión parroquial o a una cena de Cuaresma, o al sacramento de la penitencia. Tal vez les atraiga una clase de estudio de las Escrituras, o alguna otra manera de formación de fe para adultos que les nutra su vida de oración.

Pregunten si su parroquia tiene algún círculo o grupo para parejas recién casadas. Tal vez quieran servir como ministros litúrgicos. Con frecuencia, las parejas se suman al coro o hacen de ministros extraordinarios de la sagrada Comunión. Al respecto, exploren los avisos en el sitio web, la página de Facebook o el boletín parroquiales. Si encuentran algo, estén dispuestos a comprometerse en liderear un grupo; si no encuentran nada, sugieran algo al pastor.

Devociones en el hogar

Existen muchos rituales tradicionales católicos para la casa o la "iglesia doméstica", como se le llama al hogar cristiano. Algunos rituales tienen que ver con diversas situaciones familiares, como cumpleaños y aniversarios, noticias de embarazo o el comienzo y el final del año escolar. Otros se relacionan con los tiempos de la Iglesia, como la bendición de la corona de Adviento y el árbol de Navidad, o la bendición de la mesa el día de san José y la Pascua. A los niños pequeños de la familia les encanta participar en estas ocasiones de oración y hacen la lectura de las Escrituras o hasta dirigen la oración si son capaces. Tenga a mano un buen libro de oraciones y devociones católicas que les facilite la oración en familia en distintas épocas del año.

Un espacio para orar

Encontrar un sitio acogedor que invite a orar requeriría tiempo y repetidos ensayos. Hay parejas que se sienten muy a gusto orando en exteriores, en la naturaleza, y otras prefieren un espacio en casa, e incluso acondicionan un área separada a modo de santuario. Hay quienes eligen visitar una iglesia o una ermita. Vayan a donde su cónyuge se pueda encontrar con Cristo. Ayúdense encendiendo una vela o veladora, un crucifijo simple, una ilustración o una estatuilla para concentrar su oración.

Conversación de la pareja

1. ¿Por qué crees que es importante asistir en pareja a misa regularmente?
2. ¿Celebra tu familia algunos ritos? ¿Son domésticos o de la iglesia? ¿Te gustaría incorporar esos rituales en tu vida matrimonial?
3. ¿Qué dificultades tienes para orar?
4. ¿Cómo se nota que en tu hogar orar es importante? ¿Hay a la vista tal vez una Biblia abierta o una vela encendida?
5. ¿Te contentas con oraciones tradicionales como el Padrenuestro y el Avemaría o expresas tus temores y alegrías ante Dios en oración espontánea?
6. ¿Qué te facilita expresar tus propios intereses, en tu vida de oración de pareja?
7. ¿Te sirves de algún calendario litúrgico para orar o pedir alguna intercesión del santo del día?
8. ¿Qué momento del día te acomoda mejor para orar en pareja?
9. ¿Hablas con Dios sobre lo que te pasa, como un modo cotidiano de orar?
10. ¿Dedicarías diez minutos de quietud para sentarte ante Dios, llanamente?
11. ¿Con qué frecuencia oras con un pasaje de las Sagradas Escrituras?

El discipulado

Al entrar en la santa alianza del matrimonio, ambos se convierten en testigos del amor de Dios por el mundo.

Vivir en una relación amorosa y comprometida en la que cada uno está dedicado al otro va a contracorriente de nuestra cultura actual. Cuando usted forja una relación que busca genuinamente lo mejor para su cónyuge, usted se va convirtiendo en una encarnación del amor cristiano en el mundo. Su matrimonio deja de ser un fin en sí mismo, porque ya no se mira solo a sí mismo; por el contrario, es una corriente de amor esponsal o marital que fluye del compartir matrimonial total, que participa y se beneficia del mismo amor de Dios. Es este amor el que comparten con el mundo que tanto lo necesita. Gracias al sacramento matrimonial, ustedes son eco y encarnación del amor de Dios por el mundo.

¿Cómo hacer esto realidad en su vida? Gracias al bautismo, cada uno de ustedes es discípulo misionero, seguidores de Cristo Jesús. Unidos en matrimonio, ambos tienen la oportunidad de hacer del discipulado un aspecto relevante de su matrimonio, juntos. En el bautismo, Cristo los ha llamado a seguirlo; en el matrimonio, tienen la oportunidad de responder plenamente.

Seamos honestos; el discipulado no es algo fácil; de hecho, suele ser bastante difícil. También Jesús habla de los retos de su seguimiento cuando dice: "El que quiera venir detrás de mí, que se niegue a sí mismo, tome su cruz y que me siga; porque quien quiera salvar su vida, la perderá, pero quien pierda su vida por mí, la encontrará"

Que sean testigos del amor
de Dios en el mundo,
para que los pobres
y afligidos,
habiendo encontrado
en ustedes ayuda
y consuelo,
los reciban con gratitud
algún día
en la casa eterna del Padre.

—*Ritual del matrimonio*, 213

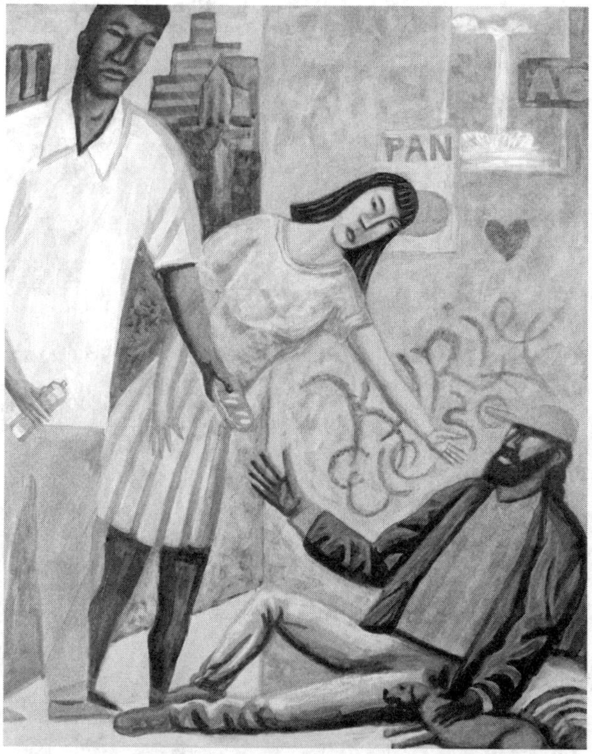

(Mateo 16: 24–25). Estas palabras vienen justo después de que Jesús está hablando de las grandes pruebas que él mismo había de enfrentar en su vida, en su camino de cruz. Por ser discípulos suyos, nosotros también enfrentaremos dificultades para seguirlo auténticamente. El discipulado puede ser duro y desafiante.

El desafío del discipulado existe para todos los seguidores de Cristo, pero una verdadera bendición en el matrimonio cristiano es que las dos personas que se unen en la alianza santa del matrimonio tienen una emocionante oportunidad de caminar juntos, siendo discípulos, imitando a Jesús. Porque deriva del bautismo, su vocación de discípulos se modela mediante el matrimonio, de manera que, el llamado de cada cual a seguir a Jesús se mira unido en un caminar de discipulado concertado y compartido. El matrimonio cristiano es, de hecho, discipulado, si lo piensan bien.

Al participar ambos del sacramento, arraigan su amor del uno por el otro en el amor de Dios. En consecuencia, tienen un socio con quien colaborar y experimentar las enseñanzas de Jesús, mientras siguen sus pasos.

Aquí anotamos algunas ideas para apoyar su discipulado común:

- Esfuércense para que el domingo sea el punto culminante de su semana juntos. Vayan juntos a misa y atiendan al Evangelio proclamado. Dejen que la Palabra proclamada y la homilía influyan en su vida cotidiana de pareja.
- Prepárense para la misa dominical leyendo en pareja y conversando al respecto; pregúntense cómo lo que leen toca sus vidas. Escuchen con atención el mensaje y lo que les pide a través de la Sagrada Escritura.
- Sean voluntarios en un espacio en el que ambos hagan una diferencia positiva en otras personas. Acérquense con amabilidad a los "afligidos y necesitados", para que se beneficien de su presencia matrimonial trabajando por el bien de los demás. Encuentren una causa particular que les apasione a ustedes dos y comprométanse con ella.
- Favorezcan modos de orar que les ayuden a discernir cómo trasformar su entorno mediato e inmediato.
- A lo largo de su vida matrimonial, concéntrense en amar a Dios, amar al prójimo y compartir su amor recíproco sirviendo al mundo.

Conversación de la pareja

1. ¿Cómo colabora el amor de Dios a dar forma al amor que tienes por tu pareja?
2. ¿Qué conexiones identificas entre el amor de Dios y el amor que compartes con el ser amado?
3. Comparte con tu pareja lo que piensas de esto: "El matrimonio es un eco del amor de Dios".
4. Si te bautizaron, ¿qué piensas de tu propio bautismo? ¿Qué responsabilidades conlleva el que te hayan bautizado?
5. ¿Qué dificultades crees que debe vencer alguien que quiere ser discípulo de Jesucristo hoy?
6. Comparte algunas alegrías que has sentido de ser un discípulo cristiano.
7. ¿Cómo podrías tú y tu futuro cónyuge ser socios en el discipulado matrimonial?
8. Exploren algunas oportunidades de voluntariado en pareja. ¿Qué opciones les parecen viable?

Ejercicio de oración: Escribir una carta de amor

Haga este ejercicio en casa, después de su día de formación.

Atrévanse para orar juntos y fortalecer su vínculo para crecer juntos en confianza y amor. Para fortalecer su compromiso esponsal, dedique el tiempo necesario a escribir una carta de amor a su futuro cónyuge. Esto es un ejercicio como el de orar el uno por el otro.

Hoy en día, escribir cartas es casi una forma perdida de comunicación. Computadoras, tabletas, teléfonos inteligentes, emails, textear o Instagram nos dan acceso inmediato al otro, sin importar dónde se encuentre. No obstante la conveniencia de estos medios, hay que recordar que cuanto más rápido uno escriba, mayor es la posibilidad de que se malinterprete lo que uno escriba. Decir lo que usted siente, por qué esa persona es importante para usted y decirle cuánto la ama exige reflexión, pensarlo bien y escoger las palabras adecuadas.

Escribir una carta a su prometido o prometida, le ayudará a usted a sopesar sus sentimientos y pensamientos sobre su futuro consorte. Escribir le ayudará a compartir emociones que de otro modo resultarían difíciles de aceptar o de anunciar en voz alta. La carta es una declaración de cómo es su relación.

Apéndice 1
Consideraciones especiales

Relacionarse con su nueva parentela y los padres

Cuando fueron bautizados, se convirtieron en hijas e hijos adoptivos de Dios. Los bautizados formamos la gran familia de Dios. Como sus propias familias, la familia de Dios camina unida. En ella, compartimos las alegrías y esperanzas de cada miembro, con todo y sus altibajos. Todos compartimos y participamos del caminar de la vida y esperamos estar, algún día, en el Reino de Dios.

En la liturgia católica simbolizamos este caminar en las diferentes procesiones que realizamos: la procesión de entrada con los ministros, con el Libro de los evangelios, la de las ofrendas o dones de pan y vino que presentamos y que serán convertidos en el cuerpo y la sangre de Cristo, la que hacemos para la Comunión y la de salida al mundo. Las procesiones litúrgicas son metáforas de nuestro caminar comunitario cristiano. Somos la familia de Dios y avanzamos hacia una meta común: la entrada al Reino de Dios. La procesión es un signo santo de ese caminar para unirnos con Dios.

Tal vez les sorprenda saber que lo que ustedes experimentaban cuando asistían a alguna boda no es exactamente lo que la Iglesia desea que suceda. Las directrices para celebrar el matrimonio dicen que "la procesión se hace del modo acostumbrado"; lo que significa que la procesión reproduce lo que hacemos ¡en la misa dominical! Puede encabezarla un acólito con el incienso, al que sigue otro con la cruz alta y, a los lados, dos más portando velas; otro ministro porta el Evangeliario, y sigue el sacerdote.

¿Y el cortejo nupcial? El cortejo completo será parte de la procesión. Recuerden que todo lo que hacemos en la liturgia tiene significado. Usted mismo, con su futuro consorte, cobrarán sentido en la celebración matrimonial; usted lo estará haciendo como pareja, pues en pareja cristiana caminarán en la presencia de Dios. En su caminar de pareja cristiana, también participarán sus padres, familiares y amigos. Dado que la procesión simboliza el peregrinar hacia una relación de mayor plenitud con Dios, ellos también participarán en ella. Detrás del sacerdote, el acompañamiento de los novios procesará. Usted escogerá si camina con sus padres o si ellos van un poco adelante, y usted con su consorte procesan juntos. Este caminar litúrgico estará acompañado de un canto. La forma de la procesión es un poderoso símbolo de las dos familias que los apoyan, oran por ustedes y los acompañan hacia esa declaración de amor recíproco ante la comunidad de fe.

> **¡Feliz el que teme al Señor y sigue sus caminos!**
>
> —Salmo 128:1

Piense en el ejercicio que hicieron sobre su "familia de origen" (ver página 3). El objetivo del ejercicio es darle una idea de cómo han sido educados, las tradiciones que celebran y cómo sus familias enfrentan los retos. Sus experiencias habrán sido similares o tal vez sorprendentemente disímiles.

Es muy importante entender que ambos llegan a su matrimonio con un conjunto único de características familiares. Se comprometen en matrimonio con diferentes valores e ideales forjados en sus familias de origen; en ellas ustedes han llegado a ser las personas que son. Ahora, sin embargo, ustedes están a punto de formar su propia familia. Esto no significa que cada cual dejará su educación. Lo que deberán hacer es conversar sobre lo que es importante para cada uno de ustedes y cobre cómo van a integrar sus valores y tradiciones en su nueva familia.

Ustedes van a desarrollar tal vez nuevas tradiciones que serán como un vínculo familiar particular entre ustedes dos y sus hijos. Esto no significa que vayan a abandonar las tradiciones del pasado; hable con su cónyuge sobre cosas nuevas y compártanlas juntos.

En su matrimonio, establecerán usos y tradiciones muy de ustedes. Esta fusión del pasado de cada uno de ustedes, con el sustrato de sus experiencias de vida individuales, les permitirá clarificar lo que realmente quieren en su vida matrimonial. Desarrollar sus propios consensos les ahorrará tiempo y discusiones. Idealmente, la decisión conjunta se producirá cuando ambos alcancen la misma apropiación e idéntica responsabilidad respecto al resultado. Como en la "resolución de conflictos", el resultado será relevante si es producto del consenso. Ustedes deben representar siempre un mensaje unificado a los demás. No importa de qué asunto se trate, el mensaje que ustedes comuniquen debe afirmar el apoyo mutuo.

Padres, abuelos, hermanas y hermanos, su familia extendida, también se irán convirtiendo en parte de la nueva familia. La nueva parentela, o sea, la "familia política", puede volverse todo un desafío para cualquier pareja. Deberán conversar y consensuar qué tan involucradas estarán las respectivas familias en el matrimonio de ustedes. La relación con la familia extendida deberá ser respetuosa y cultivada. También hay que tener una actitud comprensiva y paciente cuando se trate de ayudar al futuro cónyuge a relacionarse con la nueva parentela. Nunca espere, por ejemplo, que su cónyuge se convierta en "la mejor amiga" de su propia madre, por ejemplo. Puede llegar a ocurrir, pero no cifre en eso sus expectativas. Cultivar toda relación necesita tiempo, compromiso y paciencia; no hay que forzarla.

La sección del manejo de conflictos en este capítulo los ayudará a navegar por esas aguas, a veces agitadas, de las relaciones con la nueva parentela extendida. A continuación, algunos consejos útiles para caminar juntos como una familia extendida ante Dios.

Consejos para tratar con los nuevos parientes:

- Su propio matrimonio es la prioridad.
- Apoya a su cónyuge y mantenga una actitud de "equipo".
- Nunca desprestigie a su cónyuge ante los padres de usted.
- Cada cónyuge debe manejar la relación con sus respectivos padres.
- Establezcan los límites necesarios con toda claridad (especialmente con sus hijos).
- Estipulen con anticipación la manera de celebrar cumpleaños, santos, asuetos y otras tradiciones especiales.
- Comuniquen sus expectativas y sean muy realistas al respecto.
- Cuando surjan problemas, trate de ponerte en los zapatos de su cónyuge, para evaluar el asunto desde esa perspectiva también.
- Sean sinceros y transparentes el uno con el otro y también con sus padres. Las preocupaciones deben hablarse; sean pacientes y comprensivos en medio de la situación por la que atraviesan.
- No discutan de política.
- No comparen al cónyuge con los padres propios. Tanto la esposa como el esposo son persona únicas, con sus propios dones, talentos y peculiaridades.
- No fuercen las relaciones.
- Sean siempre amables. Mantengan el equilibrio y ¡ríanse juntos mucho!

Conversación de la pareja

1. ¿Qué harás para que la familia formada por tu cónyuge y por ti comience sus propias tradiciones y tenga tiempo para celebrar los días festivos juntos, y celebre también con la familia extendida?
2. ¿Cómo vas a mantener el contacto con tus padres? ¿Será por medio de visitas o por Skype o por teléfono? Si viven cerca, ¿los visitarás cada semana o cada mes o a veces, por ejemplo, con motivo de fiestas, cumpleaños y otros eventos? Si los padres viven más lejos, ¿los visitarás en vacaciones y otras ocasiones o con más frecuencia? ¿Quién será el responsable de mantenerse en contacto con los padres? ¿Vas a evaluar periódicamente y en pareja si pasan tiempo suficiente con sus respectivos padres?
3. ¿Qué papel esperan tener tus padres en los preparativos de la boda? ¿Has conversado con tu cónyuge si se siente cómodo con tales expectativas? ¿Cómo explicarán a sus respectivos padres la participación que ustedes esperan de ellos?
4. Cuando tengan hijos, ¿esperan que sus padres los cuiden? ¿Cómo harán para establecer con ellos con toda claridad el modo de corregir a los niños?
5. Si tus padres discuten o se molestan con tu cónyuge, ¿cómo vas a apoyar a tu cónyuge?
6. ¿Hablarás con tus padres si entre éstos y tu cónyuge surge un malestar o distanciamiento?
7. ¿De qué forma tu cónyuge puede ayudarte a sentirte más a gusto en eventos con su familia?
8. ¿Los modos en que se comunica la familia de tu cónyuge son diferentes a los de la tuya? ¿Te resulta difícil entender su manera de comunicarse?
9. ¿Qué tan importantes son las discusiones políticas en tu familia?
10. ¿Cómo van a manejar los desacuerdos tocante a la forma de educar a los hijos?
11. ¿Qué expectativas tienen tus padres respecto a la educación religiosa de tus futuros hijos? ¿Cómo responden ustedes a ellas?
12. ¿Quieren los futuros suegros ponerle nombre a sus futuros nietos? ¿Consideran ustedes aceptable esta participación?
13. ¿Se sentirían cómodos si los suegros les brindaran apoyo financiero?
14. ¿Quieres vivir cerca de tus padres?
15. ¿Has dado a tus padres llave de tu casa? ¿Tienen acceso libre a su casa, sin el consentimiento de ustedes?
16. ¿Cómo describirías tu relación actual con tus futuros suegros? ¿Te preocupa algo al respecto? ¿Hay algo que deberías hablar antes de casarse?
17. A veces es complicado aceptar la realidad que representa tener padres ancianos: las necesidades financieras, los altibajos emocionales y las responsabilidades con la salud y el cuidado físico o los planes para el final de la vida. Todo ello puede causar estrés en cualquier matrimonio. ¿Están ustedes preparados para manejar esto juntos de una manera abierta y sincera?

Parejas multiculturales

En la celebración litúrgica de su matrimonio, ustedes pueden incluir el rito de la bendición e intercambio de arras, que es una adaptación hermosa de la costumbre hispanoamericana en las bodas. Las arras son unas monedas doradas que los contrayentes intercambian diciéndose:

> **N.**, recibe estas arras
> como prenda de la bendición de Dios
> y signo de los bienes que vamos
> a compartir.[1]

Esta tradición hispana simboliza que al matrimonio cada persona trae consigo y aporta a la otra los dones que tiene y es como persona. Es una entrega mutua que forma un tesoro común de los activos para ser felices y vivir contentos en pareja. Hay parejas de diferentes ascendencias culturales cuyos respectivos talentos y riquezas personales contribuyen al bienestar común. Sin embargo, y para emplear el lenguaje del símbolo de las arras, digamos que, en un matrimonio intercultural las arras de cada persona vienen en "monedas" diferentes, y que hay que convertirlas en bonos productivos en el "Banco del Amor", donde cada moneda se valora de manera justa de tal modo que esas diferencias culturales no reduzcan, sino que incrementen el valor y los activos de la pareja.

Nuestra cultura es algo que forma parte de lo que somos; tiene que ver con las tradiciones que marcan nuestras preferencias al elegir qué comer, o qué vestir en ocasiones especiales, e incluso cómo celebrar nuestra fe o cómo expresar amor, felicidad o dolor. La cultura es también fuente de expectativas en cuanto a los papeles del esposo o de la esposa, cómo administrar el presupuesto (y quién lo hace), la educación de los hijos y la distribución de las tareas domésticas. En suma, nuestra cultura determina con frecuencia, el modo de relacionarnos con el ser amado, con los demás y con la sociedad.

Tengamos todo lo anterior presente cuando nuestra situación es de pareja multicultural. Cada cual debe respetar las peculiaridades culturales de la otra persona, además de considerar que la mayoría de ellas son positivas y agradables. Considere que la cultura de su novio o novia pronto será parte de las tradiciones que usted y sus hijos compartirán en familia y con la parentela extendida.

Es divertido experimentar tradiciones nuevas, aprenderlas y disfrutarlas, además de que enriquece la identidad cultural y la capacidad de interactuar con otras personas. Esto resulta muy importante para reforzar la unión matrimonial mediante la admiración y comprensión mutuas. Se irá creando entre ustedes una nueva síntesis cultural donde cada uno va aprendiendo nuevas formas de disfrutar la vida, celebrar, expresarse y orar. Los hijos de padres de diferentes culturas crecen expuestos a otras culturas y adaptándose mejor al mundo de hoy, que cada vez es más global y multicultural. No olvidemos que la experiencia católica del cristianismo es básicamente un llamado a la relación universal entre todos. La diversidad cultural de ustedes es, por lo tanto, una oportunidad de vivir y celebrar en el hogar el multiculturalismo de la Iglesia Católica.

No siempre es fácil aceptar y aceptar las diferencias, pues nuestra identidad cultural sería también fuente de tensión o malentendidos. En una buena relación de pareja la tentación de imponer "mi manera" o "tu modo" se supera en busca del "nuestro modo compartido". De ahí que, cuando las diferencias culturales se vuelven fuente de conflicto, es preferible aceptar que las diferencias son normales no sólo entre parejas interculturales, sino en cualquier relación. Tengan ustedes una mente abierta, e intenten comprender y apreciar las diferencias culturales del otro como algo que aún no han descubierto. Conversen sobre qué fechas podrían celebrar integrando algunas de las costumbres de cada uno, o bien, qué fiestas les gustaría celebrar de forma bastante sobria o con música a todo volumen, por ejemplo.

Cuando una actitud cultural es contraria a los valores de usted y contraria a los valores del Evangelio (por ejemplo, una "mentalidad machista"), representa una oportunidad de ayudar a su cónyuge a descubrir nuevas y mejores formas

1. *Ritual del matrimonio*, 67b.

de vivir y amarse. Sean plenamente conscientes de que la cultura no valida la falta de respeto. Explique abierta y respetuosamente a su pareja por qué esa actitud les hace daño. Encontrar en el Evangelio razones buenas y poderosas razones para cambiar hábitos culturales que causan conflicto o comportamientos discriminatorios hará que la cultura cristiana del amor se vuelva su propia cultura.

Piensa bien en esto. Si usted descubre que los modos culturares de su futuro cónyuge tiene valores fundamentales contrarios a la fe cristiana de usted, y que él o ella no está abierto a aprender y abrazar sus valores cristianos, considere entonces no casarse con esa persona. Recuerde, nuestra fe es parte esencial de nosotros mismos y no se negocia.

Amar es darle a la otra persona el derecho a ser diferente. Por eso, mantenga usted la actitud de aceptar que algunas cuestiones culturales nunca serían completamente aceptadas por su cónyuge. Casarse con alguien de otra cultura representa una aventura que invita a las parejas a adentrarse en el fascinante mundo de la otra persona y enriquecer sus vidas con nuevas tradiciones, costumbres, recetas y formas de ver y experimentar la vida. La familia de ustedes dos se volverá un espacio nuevo y enriquecido con la competencia intercultural que Cristo propuso para la nueva humanidad salvada, donde, como lo describió san Pablo: "ya no se distinguen judío y griego, esclavo y libre [...] porque todos ustedes son uno solo en Cristo Jesús" (Gálatas 3:28). Todo esto será realidad si el amor universal de Cristo es la fuente de la relación de ustedes dos.

Conversación de la pareja

1. ¿Cómo celebra tu cultura la Navidad, la Pascua, el Día de la Madre, el Día del Padre, San Valentín, los funerales, los cumpleaños y las ocasiones especiales?
2. ¿Cómo celebra tu cultura el matrimonio? ¿Quién paga qué y qué tipo de tradiciones especiales o ritos y comidas se acostumbran en las bodas?
3. ¿Cómo integrarías las diferencias en la fiesta de matrimonio?
4. ¿Con qué tradiciones religiosas particulares creciste (novenas, devociones familiares, etc.)?
5. En tu medio cultural, ¿qué papel desarrolla la esposa y la madre de familia?
6. ¿Qué papel cumplen el esposo y el padre en tu cultura?
7. En sus respectivas culturas, ¿de qué modo los esposos se comparten las tareas o deberes domésticos?
8. ¿Cómo considera tu medio cultural a los maridos que se quedan en casa?
9. ¿Cómo se valora en tu medio cultural a la mujer que trabaja fuera de casa?
10. ¿Cómo se consideran a los ancianos y a los niños en los respectivos medios culturales de ustedes dos?
11. ¿Qué música prefieres escuchar en general y en las fiestas?
12. ¿Qué tradiciones les gustaría compartir con sus hijos?
13. Conversen sobre un valor importante que desde sus familias de origen llegue a la nueva familia y cómo les gustaría adaptarlo.
14. Hablen sobre algo nocivo o actitud negativa (experiencia) en sus familias que ustedes desean descontinuar en su nueva familia. ¿Qué es y por qué no quieren continuarlo?

Matrimonio y divorcio

Usted ha pasado por un gran sufrimiento, pero se avecinan tiempos nuevos. Usted ha transitado por muchos estados de ánimo, sin duda dolorosos, quizás entumecimiento, indignación, decepción, culpa, resentimiento, miedo, quebranto o duelo. Pero a la postre, tal vez haya usted alcanzado un estado de aceptación y esperanza, e incluso paz y buena disposición hacia el futuro. Ahora, después de todo eso, el nuevo amor y la vida le vienen al encuentro.

Si es nuevo en la Iglesia o pertenece a la fe católica de toda la vida, usted ha experimentado los recursos de la Iglesia durante el proceso de anulación del vínculo matrimonial. Mediante la introspección y el ejercicio de escribir, ha revisado la historia de su vida y la de su previo matrimonio una vez más. Usted ha reflexionado y ha adquirido nuevas ideas sobre usted y sobre cómo la Iglesia entiende el matrimonio. Ahora tiene una idea más profunda de cómo funciona un matrimonio sacramental: que hay una tercera persona en su matrimonio, Jesucristo, dispuesta a abrazar a cada uno y a ambos mientras ustedes navegan las aguas de su vida matrimonial.

Aun así, usted tendría dudas: ¿qué es lo que está pensando usted? Su matrimonio anterior fracasó, ¿qué le hace pensar que éste sí funcionará? Usted ya sufrió una traición conyugal, ¿cómo volver a confiar? Hay tantas incógnitas por resolver. Si tiene hijos, ¿cómo ayudarlos a crecer en la nueva familia que está formando? Todavía estarían heridos y confundidos, y requerirían muchísima paciencia y comprensión de parte de ambos. ¿Cómo saber que éste es el camino correcto? ¿Cómo saber que Dios está con usted?

Si han llegado hasta aquí, ustedes ya han orado y discernido por su cuenta y en pareja. Ustedes han reflexionado sobre sus deseos y sus dudas; le han pedido a Dios que los guíe, han estado abiertos a las señales del Espíritu Santo. Quizás cada uno de ustedes ha hablado con personas que los conocen, personas con experiencia y perceptivas, llenas de sabiduría. Finalmente llegan aquí, a un centro tranquilo, con la seguridad enorme de que han sido llamados a servir a Dios en pareja matrimonial.

Este proceso de discernimiento, individual y en pareja, será su cimiento de vida matrimonial al que deberán recurrir continuamente. Los retos y los momentos de oscuridad llegarán, como suele suceder, y no sabrán cómo lidiar con ellos, pues ¡llegan tan rápido! Atrapados en el momento, deberán tener la mente despejada para detenerse y echar mano de sus recursos espirituales. Cristo está allí, con ustedes dos, amándolos y acompañándolos, ansioso de que se abran a él. No lo asustan ni lo ofenden los sentimientos o pensamientos más terribles que puedan imaginar. Él nos conoce a todos y conoce nuestras actitudes en la vida matrimonial.

> **Nuestra preocupación debe ser conocer la voluntad de Dios. Debemos entrar en ese camino si Dios quiere, cuando él quiere y como él quiere.**
>
> —Santa Gianna Molla

Echen mano de esas herramientas espirituales que ya han desarrollado: la oración y la lectura de las Escrituras, sin dudar, pero también recurran a escucharse con paciencia y a la reflexión mientras buscan, por su cuenta y juntos, la presencia de Cristo en esa situación problemática, esa presencia de Cristo en los demás. No hay una forma única de hacerlo; hay tantas formas cuantos individuos y parejas. Busquen las formas que más les convengan, convencidos de que el sacramento del matrimonio tiene la fuerza de nutrirlos y convertirlos, poco a poco, en esos discípulos asociados que Cristo necesita para servir al mundo.

Conversación de la pareja

1. ¿Hay algo que te inquieta o preocupa cuando piensas en volverte a casar?
2. ¿Qué cualidades de tu pareja te dan esperanza y confianza de cara al matrimonio?
3. ¿Qué harás para mantener una actitud alerta y abierta a la presencia de Cristo en tu matrimonio? ¿Qué instrumentos y estrategias espirituales desarrollarás individualmente y en pareja para recurrir a él?

Matrimonio y entenados o hijastros

Si recientemente han asistido a misa, probablemente reconocerán esta oración: "con los ángeles y los santos proclamamos tu gloria". En cada misa, el sacerdote pronuncia algo parecido antes de que todos los reunidos canten: "Santo, Santo, Santo, Señor Dios del universo". Si deciden celebrar la misa de matrimonio, escucharán esa oración.

Celebramos la liturgia unidos a los ángeles y los santos del cielo. Celebramos rodeados de su amor, y en el cielo, ellos cantan la misma alabanza y acción de gracias que nosotros cantamos en la tierra, en la misa. ¡Piensen en eso! ¡Qué realidad cósmica tan asombrosa! ¡Por Cristo nos unimos a los coros del cielo! La humanidad ya no está separada de Dios. Todos somos hijos e hijas adoptivos de Dios, unidos por Cristo. Esto es lo que se llama el matrimonio del cielo y la tierra y la comunión de los santos.

Orar con la intercesión de los santos es parte importante de la tradición católica que a menudo se integra en la celebración si la pareja tiene una devoción particular, especialmente a la Santísima Virgen María. Después de la bendición y el intercambio de anillos, hay la opción de cantar un himno. Esta es la oportunidad perfecta para elevar un canto a la Virgen María.

Piensen en la Virgen María por un momento. Ella era una jovencita, probablemente alrededor de los trece años, cuando se vio encinta. No estaba casada cuando esperaba al Hijo de Dios. Pero ella se comprometió con un hombre llamado José. Poco dicen las Escrituras de san José, excepto que era un hombre justo a los ojos de Dios —es decir, compasivo, amable, fiel y atento— que se casó con esta joven y que aceptó a la creatura como suya. A José se le tenía por el padre de Jesús. Esta familia unida se convierte en modelo de santidad. El papa Francisco enseña que "toda familia debe mirar al ícono de la Sagrada Familia de Nazaret. Su vida cotidiana tenía su cuota de cargas e incluso pesadillas".

La Sagrada Familia, especialmente José, es un gran modelo para las parejas que se casan y traen hijos a la unión nueva. Piensen en la situación de José: amaba a Jesús, un niño que no era sangre de su sangre; él proveyó a Jesús de alimento, agua, abrigo y seguridad; él le transmitió sus destrezas. Asumió las necesidades de este niño como propias, protegiéndolo de la ira de Herodes.

Encontrar la pareja adecuada y enamorarse de ésta es un momento de gran alegría mutua. Cuando esta unión matrimonial viene acompañada de hijos de un matrimonio o una relación anterior, a veces los hijos enfrentan desafíos; a fin de superarlos, ellos necesitan del amor recíproco y del compromiso compartido de los padres.

Así se trate de niños pequeños o mayorcitos o que vivan incluso fuera del hogar, algunos de los puntos siguientes ayudarían a entender mejor la integración de la familia nueva:

- Con frecuencia, no reconocer la pérdida y no expresar el duelo se convierten en un lastre para la vida familiar.
- Una familia adoptiva requiere de unos siete años para "reajustarse e integrarse" bien y, en consecuencia, la luna de miel tendría que esperar unos años mientras la nueva pareja comienza a acoplarse.
- El "biológico", no el "adoptivo", es un vínculo dinámico, por lo que generalmente el padre biológico es el más indicado para lidiar con los problemas de corrección temprana.
- Los niños resentirían la presencia del nuevo miembro de la familia al grado de hacerlo sentir incómodo o indeseado en la configuración familiar.
- Los días de asueto o de vacaciones pueden causar discrepancias e incomodidades.
- Hay que redefinir costumbres y rituales para transformarlos en nuevos.
- Usted no tiene control sobre las decisiones de su ex cónyuge.
- A los niños les da seguridad que usted trate con mucho respeto al otro padre.

Conversación de la pareja

1. ¿De qué forma la Sagrada Familia, en particular san José, sería un modelo a seguir para tu nueva familia fusionada? ¿Qué te enseñan ellos del amor? ¿Qué te inspira de su historia? ¿Cómo te sirven de ejemplo para interactuar con tus hijastros?
2. Saber que los santos en el cielo, incluidos José y María, oran por ti y te guían durante la difícil transición de amalgamar tu familia, ¿qué te hace sentir?
3. ¿Tienes la disposición de aceptar a los hijos de tu futuro cónyuge y de amarlos como si fueran tuyos?
4. ¿Quién tendrá la custodia de los niños? ¿Cuánto tiempo pasarán contigo? ¿Qué sientes ante esto?
5. ¿Quién tomará las decisiones de educación y corregir?
6. ¿Cómo vas a colaborar para que tus nuevos hijos comprendan que no se trata de reemplazar a su madre o padre?
7. ¿Te sientes a gusto con la interacción entre tu futuro cónyuge y su ex cónyuge?
8. ¿Cómo piensas interactuar con el ex cónyuge de tu futuro cónyuge?
9. ¿Cómo crees que afectará esa interacción en la relación entre tus hijos nuevos y tú?
10. ¿No tienes inconveniente de contribuir financieramente al bienestar de tus hijos nuevos?
11. ¿Eres consciente de los desafíos a superar inmediatamente después de casarte? ¿Cómo afectarán estos desafíos al matrimonio?
12. ¿Lidiarás con paciencia y amor cualquier problema de conducta que surjan debido a tu matrimonio?

Casarse con una viuda o un viudo

La frase "Todos los días de mi vida" tiene una resonancia aun mayor cuando la pronuncia una viuda o un viudo cuando contrae segundas nupcias. Espiritual y emocionalmente, la muerte física no termina la relación.

Por variadas razones, casarse con alguien que ha enviudado (a cualquier edad) es muy diferente a casarse con alguien cuyo matrimonio terminó en divorcio. Mire estas diferencias. La gente se divorcia porque su matrimonio no funcionó. En el caso de una viuda o un viudo, el matrimonio en la mayoría de los casos funcionó. Los que han sepultado a su cónyuge y deciden volver a casarse, generalmente han tenido una buena experiencia matrimonial; son realistas en cuanto a las alegrías y los desafíos de la vida matrimonial. Dependiendo de la duración y las experiencias del primer matrimonio, cabe esperar que ese cónyuge sea más consciente de las fortalezas y los problemas que la pareja trae consigo a la próxima unión.

Es relevante saber cómo la persona con la que usted se comprometió ha asimilado la pérdida del primer cónyuge. ¿Ha procesado sanamente el duelo? ¿Están listos para la nueva etapa de vida libremente elegida? Es importante reconocer que el dolor requiere un proceso de sanación. Es normal experimentar dolor por la pérdida de un ser querido, incluso cuando se está enamorado de otra persona. Es posible llorar a una persona y amar a otra simultáneamente.

Yo… te recibo a tí… todos los días de mi vida.

—*Ritual del matrimonio*, 62 (consentimiento)

En el divorcio, las pertenencias se dividen. Cada ex cónyuge se lleva sus posesiones. Pero puede suceder que, incluso años después de que alguien enviude, las pertenencias del primer cónyuge estén presentes. La vida del cónyuge anterior forma parte de la nueva unión. El viejo refrán de que uno se casa con toda la familia de su pareja es más expansivo cuando se trata de una viuda o un viudo. No es nada más la familia de origen la implicada, sino también la familia nuclear de hijos, nietos y quizás la parentela previa.

Conversación de la pareja

1. Infórmate muy bien sobre las etapas del duelo y cómo comportarte durante ellas. Lee libros sobre el luto y la pérdida de un ser querido. Investiga en línea. Consideren acudir a un consejero si te asaltan dudas o inquietudes sobre tus sentimientos.
2. ¿Cómo y con quién celebrarán las diferentes fiestas?
3. ¿Hay rituales con los que tu prometido o prometida y su familia recuerden a la pareja fallecida? ¿Qué sientes en esas ocasiones?
4. ¿Qué retos enfrentarás al ingresar a tu futura familia nuclear o extendida? ¿Cómo se apoyarán tu pareja y tú ante semejantes desafíos? Ten en cuenta que tal vez a los hijos de tu pareja o a otros miembros de la familia les cuesta trabajo aceptar la realidad nueva. Es probable que nada tenga que ver con alguno de ustedes dos directamente, sino que sea parte del proceso de duelo.
5. Tómate el tiempo suficiente para hablar sobre qué se negocia (dónde vacacionar y con quién) y qué no (tiempo con los niños).
6. Habla sobre los recuerdos nuevos que quieres crear. ¿Hay cosas nuevas que puedan hacer juntos? ¿Nuevas tradiciones en cumpleaños u otras fiestas?

Casarse en "edad madura"

Una de las decisiones más importantes que una persona puede adoptar es la de casarse. Es mucho más que decidir sobre finanzas, creencias o niños. Al considerar casarse en edad madura, las personas suelen a tomarse más tiempo para conversar inquietudes y compartir experiencias de vida antes que comprometerse a largo plazo. Esperar tiene también muchas ventajas y desventajas.

Si en la juventud la estabilidad financiera no era tan relevante, ahora sí lo es. Las personas han pasado por muchas situaciones y a menudo han planeado o incluso alcanzado ya sus objetivos financieros. A esto se liga una carrera profesional bien definida y un empleo. La edad significaría decisiones más sabias y establecer las prioridades correspondientes al matrimonio. La madurez enseña muchas cosas de la vida y nos ayuda a tomar decisiones ponderadas y mucho más informadas. Hemos forjado ya una clara idea de cómo debería ser una relación y de lo que buscamos.

¿Hay desafíos? "¡Yo siempre lo he hecho así!". La flexibilidad se convertiría en tensión al reunirse dos personalidades "hechas". Lo que ya se ha probado y asumido como rutina personal exigirá un esfuerzo adicional en vistas al matrimonio. Cada cónyuge ha tenido la oportunidad de bastarse a sí mismos. Al principio les resultaría incómodo abrirse para incluir a otra persona en el andar por la vida.

Conversación de la pareja

1. ¿Cómo piensas que deban combinarse tanto los gastos como los activos de ambos?
2. ¿Cuál es tu plan de jubilación?
3. ¿Cuál plan de atención médica mantendrás?
4. ¿Tendrías hijos? De no poder tener hijos, ¿de qué otras formas nutrirías la relación? ¿Considerarías adoptar niños o a ser padre o madre de crianza temporal?
5. ¿Continuarás tu carrera profesional?
6. ¿Cómo practicarán juntos su fe?
7. ¿Hay algún problema de salud que tu futuro cónyuge deba tener en cuenta?
8. ¿Cuenta tu futuro cónyuge con seguro de vida?
9. ¿Reformularías tu testamento o harías uno por primera vez?

Matrimonios ecuménicos, interconfesionales e interreligiosos

Mire la oración en el recuadro de esta página. Es un extracto de la bendición nupcial especial que se pronuncia por un católico que desposa a una persona sin bautizar. El texto nos aclara que la Iglesia cree que la institución del matrimonio es anterior al cristianismo y al judaísmo, pues surgió al comienzo de la creación. El matrimonio ha sido parte de los usos y costumbres en todas las culturas; sin embargo, la enseñanza católica subraya que el matrimonio pertenece a los actos creadores de Dios y al orden de la naturaleza y la ley natural.

Los humanos, por naturaleza, son seres sociales. Y la sociedad unitiva de un varón con una mujer, a través de la gracia de Dios, es santificada y elevada a un estado sagrado. Las Sagradas Escrituras comienzan con un relato de esa unión (ver Génesis 1 y 2) y definen la salvación que Cristo da a todos como el matrimonio del cielo y la tierra (ver Apocalipsis 19:7, 9). ¡Es un símbolo poderoso! El matrimonio siempre enfrenta dificultades, y algunas de ellas implican diferencias religiosas.

Los primeros cristianos, al considerar el matrimonio cristiano a la luz de sus experiencias matrimoniales dentro de sus diversas comunidades de fe, creían que el matrimonio entre dos cristianos adquiría una dimensión adicional. Vieron que Cristo se convirtió en el centro de su unión. Debido a que existían diferentes tradiciones, el "matrimonio cristiano" implicaba muchos desafíos. Algunos cristianos estaban casados con miembros de la comunidad judía y otros casaron con romanos. Su amor no estaba constreñido por límites religiosos o políticos.

Incluso hoy, los cristianos se casan con personas de otras religiones. Es cada vez más común que un católico bautizado se case con una persona cristiana bautizada pero de denominación luterana o bautista. También es común que los católicos se casen con personas que no son cristianas sino judías, musulmanas o hindúes. En algunos casos, los católicos se casan con ateos o agnósticos.

Esta pudiera ser la experiencia de ustedes. Tengan la seguridad de que la Iglesia reconoce el amor que usted y su futuro cónyuge comparten y se regocija con usted en su próximo matrimonio. Sigue orando por ustedes y estará disponible para fortalecer y apoyar su unión matrimonial durante toda su vida. De hecho, la Iglesia se regocija tanto en su relación que tiene dos formas de la liturgia de la boda para satisfacer sus necesidades. Su párroco les ayudará a decidir oportunamente.

> **Padre santo, autor de todo el universo,**
> **que creaste a tu imagen al hombre y a la mujer**
> **y colmaste de bendiciones su unión conyugal;**
> **te pedimos humildemente por estos hijos tuyos**
> **que hoy se unen**
> **por la alianza matrimonial.**
>
> —*Ritual del matrimonio*, 139

En todos los matrimonios hay algunas diferencias de fe, incluso si ambos cónyuges comparten la misma religión católica. Pero el camino de la fe es diferente para cada cual, y todos maduramos y crecemos en esta fe de maneras y en momentos diferentes. Por ser individuos únicos con historias y antecedentes particulares, nuestra percepción, comprensión y experiencia de Dios, la fe y la Iglesia siempre serán diferentes. Las parejas que se casan hoy, sean o no de la misma tradición religiosa, enfrentan los mismos desafíos que las parejas de hace dos milenios.

La fe y las tradiciones religiosas son elementos importantes de nuestra vida para compartir, especialmente si usted se casa con alguien de otra fe. Aprender más sobre sus respectivas experiencias sería un punto de partida.

Cada tradición religiosa tiene sus principios, enseñanzas y valores de fe. No todas las personas de una tradición determinada entenderán todo en detalle. Usted aporta al matrimonio una variedad de tradiciones y rituales que, si se conversan, enriquecerán su propia fe. Debido a que usted es quien es y a sus experiencias de vida, habrá elementos de su religión que tendrán más significado o una mayor carga de emoción.

La Iglesia enseña que está conformada como una "familia de familias" y que la familia misma da testimonio de fe y alegría en Dios por ser "Iglesia doméstica".[2] Haga de su hogar un espacio sagrado

2. Papa Francisco, *La alegría del evangelio*, 87.

donde los dos adoren a Dios juntos. Establezca sus propios rituales, oraciones y tradiciones que edifiquen la vida en pareja. Destaque las creencias que tienen en común. Busquen compartir sus percepciones de Dios o luchar para comprender la fe de su pareja, y especialmente aprender de una tradición religiosa diferente; todo esto háganlo con respeto, apertura y aceptación.

La terminología

Al prepararse para casarse, tal vez escuchen términos inusuales cuyo objecto es ayudar a determinar la forma de liturgia celebrar en su boda y cuál es la mejor manera de adaptar la formación preparatoria a sus propias necesidades. He aquí algunas descripciones útiles para comprender los matices:

Matrimonio ecuménico: También llamado matrimonio mixto, es un matrimonio entre un católico bautizado y un cristiano bautizado de una comunidad eclesial no católica. La Iglesia Católica reconoce los bautismos celebrados en muchas comunidades eclesiales no católicas; por ejemplo, los de luteranos, presbiterianos, metodistas, bautistas y muchos otros. Cualquier bautismo celebrado con la intención correcta, utilizando agua y la fórmula trinitaria ("En el nombre del Padre, y del Hijo, y del Espíritu Santo") será reconocido como válido por los católicos. Puesto que ambos cónyuges son bautizados, un matrimonio ecuménico o mixto es sacramental.

Matrimonio interconfesional: Las tres tradiciones religiosas principales en Occidente —el cristianismo, el judaísmo y el islam— se consideran de fe abrahámica. Abraham fue el padre del pueblo elegido por Dios. El pueblo elegido desarrolló las tres tradiciones religiosas principales. Un matrimonio interreligioso es el que se da entre un católico bautizado y una persona de la tradición judía o de la musulmana. Judíos y musulmanes no son cristianos bautizados. Debido a que uno de los cónyuges no está bautizado, este matrimonio es válido pero no sacramental. Si el no cristiano se hace bautizar después, entonces el vínculo matrimonial se transforma en sacramental.

Matrimonio interreligioso: Este matrimonio es la unión de un católico bautizado y una persona de fe distinta a las abrahámicas (ver arriba). Esto incluye el hinduismo o el budismo. Los fieles de estas denominaciones son personas no bautizadas. Puesto que uno de los cónyuges no está bautizado, este matrimonio es válido pero no sacramental. Agnósticos y ateos entran en esta categoría. Si el no cristiano se hace bautizar válidamente después, entonces el matrimonio se vuelve sacramental.

Catecúmeno: Así se le llama a quien busca el bautismo en la fe cristiana, pero que está en vías de hacerse bautizar. Puede ocurrir que un católico bautizado contraiga matrimonio con esa persona. Por ejemplo, el matrimonio entre una católica bautizada y un catecúmeno es válido pero no sacramental, aunque en el momento del bautismo del catecúmeno, el matrimonio se vuelve sacramental.

Agnóstico: Dícese de alguien que no necesariamente cree en Dios, pero que reconoce la posibilidad de que éste exista.

Ateo: Es alguien que no cree en la existencia de Dios.

Conversación de la pareja

1. Compartan su experiencia de Dios, no sólo del catolicismo. Si realmente creemos que Dios está con nosotros y que es parte de nuestra vida, habrá un terreno común para compartir nuestra conciencia de la presencia de Dios entre nosotros. Una forma de hacerlo es recordar la última vez que sentiste que Dios se te manifestaba. Di cómo eran las imágenes, los sonidos, los olores y las emociones. Busca elementos comunes en sus respectivas percepciones al intercambiar historias de Dios.
2. Si tu futuro cónyuge no cree en Dios o es agnóstico, pídele que comparta sus experiencias de fe o religión. ¿Ha experimentado él o ella algo diferente?
3. ¿Te cuesta aceptar o entender algo de la fe de tu futuro cónyuge?
4. ¿Qué tipo de rituales, oraciones y tradiciones crees que puedan celebrar juntos?
5. Si tu futuro cónyuge no cree en Dios o es agnóstico, ¿aceptará celebrar rituales juntos o rezar juntos? ¿Crees que la falta de fe planteará problemas a largo plazo para su relación?
6. Comparte con tu cónyuge algunas creencias básicas de tu tradición y habla sobre los símbolos, rituales y creencias que son más importantes para ti.
7. ¿Qué ha enriquecido más tu fe al comprometerte con una persona de otra denominación o religión?
8. ¿Está de acuerdo tu familia con que te cases con alguien fuera de la Iglesia Católica? De no hacerlo, ¿cómo evitar que esto sea un problema en su relación?
9. ¿Cómo participará cada uno en su respectiva comunidad de fe?
10. La manera de expresar la fe en Dios es parte de la identidad personal. La fe debe ser honesta y fiel a la persona. Uno no tiene dos religiones. O crees en Jesús o no; por lo mismo, es absurdo creer que participarás sinceramente en dos tradiciones contradictorias. ¿Crees que es importante criar a tus hijos en una tradición de fe?
11. ¿Concuerdas con la Iglesia en que el fiel católico debe prometer que hará todo lo que esté en su poder para educar a los futuros hijos en la fe católica? De no ser católico o católica, ¿apoyarás a tu cónyuge educando a sus hijos en la fe católica?
12. Si el catolicismo no es tu religión, ¿te representa un desafío ir a misa con quien te has comprometido en matrimonio y no recibir la Comunión? ¿Cómo manejar retos como ?
13. ¿Han logrado ustedes desarrollar prácticas espirituales comunes? ¿Cómo enriquecerán su relación matrimonial estas prácticas?
14. ¿Han decidido ya si la ceremonia de boda se llevará a cabo en una iglesia católica o en otro lugar?
15. ¿Cómo cumplirás las obligaciones de fe del domingo?

Continúa... ▶

16. ¿Cómo piensan celebrar días festivos específicos de la fe (Navidad, Pascua, Ramadán o Pascua)?
17. ¿Asistirán sus niños a una escuela confesional (religiosa)?
18. ¿Cómo explicarán a sus respectivas familias la tradición de fe de ustedes dos?
19. Si el catolicismo no es tu religión, ¿qué significa para ti saber que de todos modos la Iglesia Católica ora por ti y que te apoya en tu camino conyugal?
20. Si el catolicismo es tu religión, ¿qué significa para ti saber que la Iglesia Católica reza por ti y que los apoya a tu cónyuge y a ti, sin importar la religión de él o ella?

Sanación después del aborto

Si su futura esposa ha tenido un aborto, necesitará saber que usted la apoya y que estará con ella siempre de manera amable, amorosa y gentil. Por ser usted un hijo de Dios, podrá comunicar su amor misericordioso a su amada. Es muy probable que ella esté lidiando con el dolor y la culpa de haber tenido un aborto, y sería reticente a tener otro hijo. En algunos casos, habría problemas de salud relacionados con el aborto que impiden futuros embarazos. Usted mismo incluso, quizás haya tenido una relación en el pasado en la que su propia participación contribuyó a un aborto. Las mujeres y los hombres no son inmunes al dolor ni al trauma asociados al aborto.

El perdón es el signo más visible del amor del Padre, que Jesús ha querido revelar a lo largo de toda su vida.[3]

—Papa Francisco

Antes que nada, dese cuenta de que el amor de Dios es ilimitado y que está al alcance de todo aquel que verdadera y sinceramente busca perdón. Busque el sacramento de la reconciliación. En 2016, el papa Francisco dio a todos los sacerdotes católicos la facultad de perdonar las penas del aborto. Antes de este beneficio, solamente un obispo y un confesor designado podían absolver a quien habían cometido un aborto.

Más difícil de satisfacer es la necesidad de perdonarse a uno mismo. Perdonarse es parte del proceso de sanación, y Dios no quiere que usted sufra toda la vida. Usted será absuelto mediante el sacramento de la reconciliación. Ore también por todas las personas que estuvieron involucradas en un aborto y por quienes estarían considerando abortar.

Consuelen, consuelen a mi pueblo.

—*Isaías* 40:1

Aquel hijo está ya bajo el cuidado de Dios. Él o ella desea su propia alegría y felicidad. Sepa que esos niños son amados, felices y acogidos por Dios, el Padre amoroso de todos nosotros. En el amor de Jesús, ellos ni les guardan rencor ni los condenan. Con prolongar su dolor, usted pierde la gloria que ahora es de ellos rodeada de toda la felicidad en el cielo.[4]

Conversación de la pareja

Si usted ha tenido o participado en un aborto, es importante que hable con su futuro cónyuge al respecto, con sinceridad y honestidad. Hablen entre ustedes sobre sus experiencias.

3. Papa Francisco, *Misericordia et misera*, 2.
4. Hay esperanza y ayuda después del aborto. En este sitio online hay recursos para tratar el trauma, el dolor y la culpa asociados con el aborto: hopeafterabortion.com.

Hijos adultos de divorciados, maltrato, alcoholismo y drogas

Difícilmente existen dos relaciones o matrimonios iguales. A menudo, entramos en la alianza matrimonial con "problemas" que pueden tener un lado oscuro cuidadosamente enmascarado. Tal vez sean heridas remotas, de nuestra infancia, o recientes, que se vuelven problemáticas si no se abordan, pues dañan seriamente el matrimonio. Hablamos de problemas originados en situaciones familiares tóxicas o en ambientes de maltrato.

En cualquiera de sus formas, el maltrato deja profundas y profundas cicatrices en la psique emocional. Los estudios indican que "el niño que haya crecido en un hogar presenciando abuso físico está mil veces más inclinado a utilizar la violencia en su propia familia".[5] ¿Podrá usted vencer los efectos a largo plazo de traumas pasados para evitar reproducir en sus hijos aquella experiencia? Acordar fomentar una atmósfera "sin barreras" con su futuro cónyuge será el primer paso para evitar someter a sus hijos a situaciones similares.

Estas no son heridas que usted habrá de sanar por su cuenta. Dios está presente en su unión. Usted creería, falsamente, que su bagaje emocional es sólo suyo, y temería que su futuro cónyuge se aleje. Nadie es inmune a las experiencias pasadas de maltrato u otras formas de trauma y disfunción. Confíe en su cónyuge y háblele sobre lo que usted experimentó, y conversen sobre cómo estos problemas afectarían su matrimonio.

Hágase estas preguntas, y responda con lo que observe en su futuro cónyuge. (Vea las preguntas sobre maltrato doméstico en la página 65).

- ¿Nota usted que su futuro cónyuge abusa del alcohol o las drogas?
- ¿Él o ella intenta ocultarle el consumo de alcohol?
- ¿Nota problemas de codependencia?
- ¿Percibe que su pareja miente? ¿Dice verdades a medias? ¿Se reserva cosas?
- ¿Intenta usted ocultarle algunas acciones a su pareja?
- ¿Han hablado de alcohol y drogas?

Conversación de la pareja

Dé a su futuro consorte la oportunidad de hablar sobre su situación personal o familiar. Adopte una actitud paciente, amable y compasiva ante la dificultad y el sufrimiento. Muéstrele consideración y apoyo conforme escuche cómo esas experiencias le han marcado su vida. Valore cómo aquello sigue teniendo consecuencias hasta ahora, y cómo repercute en la relación de pareja.

Reconocer la violencia doméstica

Con el consentimiento de la pareja a través del matrimonio, ambos se comprometen a (o prometen) honrarse y respetarse mutuamente. El consentimiento habla de que su vida matrimonial siempre será amorosa y respetuosa. Es un voto de amor y respeto mutuos que hacen tanto él como ella, acorde a la sociedad que forman en igual dignidad. Varones y mujeres han sido creados a imagen de Dios. Mientras que muchos cónyuges entienden este llamado a la reciprocidad y a la igualdad de autoridad en el matrimonio, otros asumen el matrimonio con actitudes destructivas respecto a la relación entre varones y mujeres. "El matrimonio nunca deberá ser una lucha para ganar control",[6] enseñan los obispos de los Estados Unidos.

Según el Centro para el Control y la Prevención de Enfermedades, "aproximadamente 1 de cada 4 mujeres y casi 1 de cada 10 varones han

---

5. USCCB, *Cuando pido ayuda: Una respuesta pastoral a la violencia doméstica contra la mujer,* disponible en: http://www.usccb.org/issues-and-action/marriage-and-family/marriage/domestic-violence/cuando-pido-ayuda-una-respuesta-pastoral-a-la-violencia-domestica-contra-la-mujer.cfm (acceso del 5 de mayo de 2020).
6. USCCB, *Sigan el camino del amor: Un mensaje pastoral de los Obispos católicos de los E.U. a la familia para conmemorar el Año Internacional de la Familia de 1994, declarado por las Naciones Unidas,* disponible en https://www.usccb.org/committees/hispaniclatino-affairs/sigan-el-camino-del-amor (acceso del 11 de septiembre de 2020).

experimentado violencia sexual, violencia física y/o acoso de parte de su pareja íntima durante su vida, y reportaron algún efecto de la violencia relacionada con su pareja".[7] El simple hecho de plantear este asunto durante la preparación del matrimonio ayudaría a una persona o a la pareja a buscar ayuda. Puesto que es algo que sucede en matrimonios católicos, queremos que ustedes tengan la información que les ayude a ustedes o a sus familiares y amigos.

A la violencia doméstica se le llama también violencia de pareja, y generalmente es algo que se arrastra en una relación. Las parejas tienen disputas ocasionales, pero resolver conflictos saludablemente implicará que ambas partes trabajen respetuosamente en una solución que sea justa para ambas. Las relaciones de maltrato, por otro lado, tienen un patrón de comportamiento bien establecido marcado por un rígido control y manipulación. Recurrir a la pornografía, drogas o alcohol a menudo está ligado al maltrato doméstico. A veces, no es sino hasta mucho más tarde, cuando el maltratdo se ha vuelto ostensible y obvio, que los involucrados en la situación reconocen el comportamiento de maltrato. Es importante que las personas sepan reconocer el maltrato desde el principio y que las víctimas busquen la asesoría de un consejero profesional en violencia doméstica.

La violencia doméstica es un patrón de comportamiento que busca poder y control sobre una pareja íntima. Este poder y control negativos se manifiestan de forma física, verbal, sexual o económica. El maltrato verbal o emocional es la forma más común, pero no siempre se reconoce como maltrato. Cuando las parejas ven que su relación desarrolla actitudes y comportamientos hirientes, tienen que examinar lo que está sucediendo. A veces, el maltrato doméstico comienza con pequeñas medidas de control y se intensifica lentamente. Las primeros señales de control pueden parecer razonables; por ejemplo, cuando un cónyuge insiste: "¿Por qué pasas tanto tiempo con la familia y los amigos? Mejor quédate conmigo". Esto parecería razonable hasta que uno se da cuenta de que es el primer paso para aislar a alguien de la familia y los amigos.

La base de todo buen matrimonio es el trato cotidiano amoroso y digno. Sin embargo, la Iglesia sabe que no siempre se practica el comportamiento amoroso, por lo que ofrece dos datos fundamentales para guiar a las parejas.

La Iglesia aborda el maltrato doméstico en sus leyes del sacramento del matrimonio: "Si uno de los cónyuges pone en grave peligro espiritual o corporal al otro o a la prole, o de otro modo hace demasiado dura la vida en común, proporciona al otro un motivo legítimo para separarse, con autorización del Ordinario del lugar y, si la demora implica un peligro, también por autoridad propia".[8]

Los obispos católicos de los Estados Unidos han publicado *Cuando pido ayuda: una respuesta pastoral a la violencia doméstica contra la mujer*, declaración informativa y compasiva en la que declaran, "Cuando la violencia se produce dentro de un matrimonio sacramental, el cónyuge víctima del abuso puede preguntar, '¿Cómo se relacionan estos actos violentos con mi promesa de permanecer con mi cónyuge en las buenas y en las malas?'. La persona que sufre la agresión debe saber que actuar para poner fin al abuso no viola las promesas matrimoniales. Aunque la violencia puede estar dirigida contra los hombres, tiende a hacer más daño a las mujeres y niños".[9]

Cuando la petición verbal de perdón no viene acompañada de un cambio de comportamiento, es improcedente. No se debe instar ni presionar a las víctimas de violencia doméstica a perdonar. La mayoría de las víctimas desea perdonar, pero éste es un proceso que requiere tiempo y señales de conversión reales. En ocasiones, las heridas son tan profundas y la amenaza tan real que la reconciliación es lo menos aconsejable, cuando no imposible. La primera preocupación es la integridad física y espiritual de la persona, y necesitará tiempo para estabilizarse y sanar emocionalmente.

---

7. Centros para prevención y control de enfermedades (CDCP), *Preventing Intimate Partner Violence*, disponible en www.cdc.gov/violenceprevention /(acceso del 5 de mayo de 2020).
8. *Código de derecho canónico*, 1153 § 1.
9. Disponible en https://www.usccb.org/es/node/51670/cuando-pido-ayuda-una-respuesta-pastoral-la-violencia-domestica-contra-la-mujer (acceso del 5 de mayo de 2020).

Pedir ayuda

Cuando una persona se pregunta si su propio comportamiento o el de su pareja es de maltrato, debe acudir a un asesoramiento individual con alguien capacitado en violencia doméstica. Por lo general, la asesoría contra la violencia doméstica es gratuita en las agencias especializadas en el tema y debe buscarse incluso si la persona no está segura de que es violencia lo que está experimentando.

La línea directa nacional para intervenir o asesorar en casos de crisis de violencia doméstica y que dirige a las víctimas a proveedores de servicios locales, es el 800-799-SAFE (7233) o el 800-787-3224 (TTY). También hay ayuda por correo electrónico ndvh@ndvh.org. La ayuda es tanto para víctimas como para victimarios. Los obispos exhortan a amigos y agentes de pastoral a cuidar la seguridad de las víctimas y los hijos. Terminada una relación matrimonial, los amigos y los ministros pueden ayudar a las víctimas y a sus familiares a transitar por la pérdida.

Otros apoyos los encuentra en organizaciones como La Línea Nacional Contra la Violencia Domestica (https://espanol.thehotline.org/solicite-ayuda/), Cuando Pido Ayuda (https://www.usccb.org/es/node/51670/cuando-pido-ayuda-una-respuesta-pastoral-la-violencia-domestica-contra-la-mujer), la Catholics for Family Peace Education and Research Initiative (http://www.catholicsforfamilypeace.org/uploads/1/3/3/0/133030287/toolkit_2020-spanish.pdf), y el Consejo Nacional de Mujeres Católicas con representación en varias diócesis (https://www.dioceseoftyler.org/es/nuestros-ministerios/consejo-diocesano-de-mujeres-catolicas).

Para reflexión personal

Las respuestas a estas preguntas son privadas; no se compartirán. Examine cuidadosamente la relación con su futuro cónyuge. Ponga atención a cualquier indicio de violencia doméstica, pues los maltratos suelen aumentar. No podemos cambiar a la otra persona, pero sí podemos decidir cómo queremos que nos trate.

1. ¿Su pareja continuamente le pregunta dónde ha estado usted, a dónde va, cómo gasta el dinero, o a quién visita?
2. ¿A menudo su pareja muestra celos o le dice que usted está siendo infiel?
3. ¿Su pareja es grosera con los amigos o con los familiares de usted?
4. ¿Su futuro consorte le critica la apariencia, lo que usted cocina o sus ideas?
5. ¿A menudo su pareja rechaza o descarta las ideas que usted expresa?
6. ¿Su pareja se enoja más fácilmente cuando consume alcohol?
7. ¿Pelean ustedes mucho por asuntos financieros o por tener hijos?
8. ¿Su pareja le pone presión para tener relaciones sexuales o actos sexuales que a usted no le gustan?
9. ¿Su pareja arroja o rompe cosas cuando se enoja?
10. ¿Alguna vez su pareja le ha pegado o amenazado con hacerles daño a usted, a sus hijos o a sus mascotas?

Cualquier respuesta afirmativa es motivo de preocupación y debe buscar asesoría individual sobre la violencia doméstica ya. No minimice los maltratos; de haberlos acuda a un consejero capacitado en violencia doméstica. Si tras la consejería adecuada resulta que el problema no es la violencia doméstica, entonces cultive por todos los medios su relación de pareja.

El estrés de los preparativos de la boda

Conforme se acerca el día de su boda, ustedes dos estarán más y más ocupados con todos los detalles para ese gran día. Muchas cosas exigirán atención, y ustedes dos tomarán muchas decisiones.

> **Es bueno que vuestro matrimonio sea sobrio y ponga de relieve lo que es verdaderamente importante. Algunos están más preocupados... por los signos exteriores, por el banquete, las fotos, los vestidos y las flores... Son cosas importantes en una fiesta, pero sólo si son capaces de indicar el verdadero motivo de vuestra alegría: la bendición del Señor sobre vuestro amor.[10]**
>
> —Papa Francisco

El día de la boda es muy importante. Pero más importantes son los años de matrimonio que vienen, las decisiones cotidianas de amarse "en las buenas y en las malas". Dentro de cinco años, tal vezincluso uno o dos años a partir de ahora, ustedes no recordarán todos y cada uno de los pequeños detalles que no salieron del todo bien, fallas que la mayoría de sus invitados ni notarán.

Si ahora son capaces de desarrollar buenos hábitos, como los de orar juntos y respetar las opiniones y los sentimientos del otro, esos buenos hábitos tienen el potencial de durar muchos años y enriquecer la relación. El día de la boda habrá cosas que se les saldrán de control, pero cuanto menos ustedes se angustien por ellas, más disfrutarán ese día. Es un día para que ustedes lo disfruten completamente.

Lo que importa del día de la boda es que ustedes celebran una ocasión sagrada: el sacramento del matrimonio, y lo hacen rodeados de familiares y amigos que los quieren mucho y que los apoyan con su presencia, oración y bendiciones, al igual que la Iglesia. Ustedes contemplan pasar una larga vida juntos, y que los niños sean una bendición nacida del amor que se tienen. Ahora lo importante es que mantengan una relación amorosa entre ustedes y con Dios. Cuando guarden el vestido y las flores se marchiten, el amor mutuo y la fe en Dios seguirán creciendo y los conducirán a través de muchos años de vida matrimonial feliz y fructífera. De eso es de lo que se trata realmente, ¿cierto?

10. Papa Francisco, *Discurso a las parejas de novios que se preparan para el matrimono (14 de febrero de 2014)*, disponible en http://w2.vatican.va/content/francesco/es/speeches/2014/february/documents/papa-francesco_20140214_incontro-fidanzati.html (acceso del 20 de junio de 2020).

Apéndice 2
Cultivar la salud matrimonial

Enriquecer el matrimonio

Es muy clara la liturgia del matrimonio cuando pronuncia que "ya no son dos, sino una sola carne". El sueño de una vida compartida y la bendición de convertirse en "una sola carne" es tan gozosa como desafiante. La forma en que usted interactúa y comparte su vida glorifica a Dios como un solo cuerpo. Glorificar al "Señor con su vida" es una tarea osada y retadora. Establecer metas para el matrimonio les ayudaría a cumplir los objetivos de mantenerse abiertos y sinceros entre ustedes dos, y a tener expectativas realistas con respecto a su relación matrimonial.

Dado que el matrimonio sacramental es reflejo del amor de Dios, tengan la seguridad de que él está presente en su matrimonio. Él está allí ayudándolos, guiándolos y amándolos. Pero ustedes también tienen que trabajar para alcanzar la meta de convertirse en "una sola carne". Sean claros en sus intenciones tocante a cada uno de sus objetivos, cómo los quieren definir y conseguir; así es como enriquecerán su matrimonio. Esto significa que hay que encontrar y hacer tiempo para estar juntos, y convertirse en la prioridad del otro (¡incluso cuando hay hijos!). Hablen con franqueza de sus pensamientos, sentimientos y esperanzas para el futuro. Unan sus corazones y mentes en busca de objetivos comunes, no solamente una vez; vayan ajustando sus metas de manera rutinaria para cumplir las responsabilidades de trabajo, familia o salud.

Es importante también tener en cuenta de que su cónyuge nunca hará que usted alcance la plenitud total. ¡No le corresponde hacerlo! Únicamente Dios llena al ser humano. Los humanos somos incompletos e imperfectos, y esperar que el cónyuge sea "la otra mitad" de usted es una carga injusta para él o ella.

No hay vida perfecta, ni trabajo perfecto, ni infancia perfecta, ni matrimonio perfecto, ni un grupo perfecto de personas que siempre hagan lo que deben hacer. Lo que tenemos es un Dios perfecto que puede guiarnos a través de esta vida imperfecta con una fuerza inagotable, una sabiduría incomparable y un amor infinito.[1]

1. Tomada de Facebook *Mindful Christianity* (acceso del 29 de diciembre de 2019).

Veinticinco consejos del papa Francisco

Apuntamos algunas sugerencias para que el matrimonio se mantenga sano y vigoroso. Esta lista ha sido compilada a partir del documento *Amoris laetitia* del papa Francisco y de varias audiencias que él sostuvo con parejas recién sacramentadas.

1. El amor requiere trabajo. Sean pacientes.
2. Ofrézcase usted al otro cual regalo.
3. Comparta con su cónyuge las alegrías, las esperanzas, los sueños, los desafíos, las penas, las ansiedades y lo que pasa en el día a día.
4. Dedíquense tiempo el uno al otro.
5. Mantengan vivo el romance.
6. Digan "por favor", "gracias", y "lo siento".
7. La confianza es indispensable; cumplan los compromisos y sean fieles a sus promesas.
8. Muéstrense su amor con acciones, no sólo con palabras.
9. Sean amables y reflexivos; nunca groseros ni desatentos.
10. Escúchense el uno al otro.
11. Cuando discutan, reconozcan el punto de vista de su pareja.
12. Es normal tener desacuerdos, pero sin herir a su pareja.
13. Ayude a su cónyuge a que alcance el máximo potencial.
14. Celebre y festeje los logros de su cónyuge y no se jacte de los propios.
15. Crea en su pareja; no se enfade, ni tenga celos ni resentimientos.
16. Acepte las deficiencias y fallas de su cónyuge, y comprenda y reconozca imperfecciones y caprichos.
17. Desarrolle sus propios dones y talentos. Es importante ser una persona interesante.
18. Nunca se vayan a la cama enojados; ¡Abrácense al final de una discusión! Los abrazos ayudan mucho.
19. No guarden rencores ni transfieran culpas.
20. Nunca pierdan la esperanza, incluso cuando los tiempos parezcan imposibles o sumamente difíciles.
21. Pídanse permiso (sean corteses y comuníquense sobre lo que quieren y lo que son sus planes).
22. Busque lo hermoso y adorable de su pareja, incluso cuando parezca difícil.
23. Tengan sentido del humor. ¡Ríanse mucho juntos!
24. Procuren tener buen sexo.
25. Nunca den por perdido a su cónyuge; tengan fe el uno en el otro y en Dios.

Oración de apertura

El guía o facilitador tras la bienvenida, invita a todos a guardar silencio y a reconocer la presencia de Dios entre nosotros. Luego invita a ponerse de pie.

Guía: Dios mío, ven en mi auxilio.

Todos: Señor, date prisa en socorrerme

Todos inclinan la cabeza santiguándose, y dicen:

Guía: Gloria al Padre, y al Hijo, y al Espíritu Santo.

**Todos: Como era en un principio, ahora y siempre,
por los siglos de los siglos. Amén.**

Canto *Si yo no tengo amor*

País: DESCONOCIDO; English: IF I HAVE NOT LOVE; Letra y música: Tradicional.

Sentados.

Salmo

103:1–2, 8 y 13, 17–18a

A una voz, todos recitan la antífona y los versos del Salmo, que es una de las opciones para la liturgia matrimonial.

Guía: El Señor es compasivo y misericordioso.

Todos: El Señor es compasivo y misericordioso.

**Bendice, alma mía, al Señor,
y todo mi ser a su santo nombre.
Bendice, alma mía, al Señor,
y no olvides sus beneficios.**

**El Señor es compasivo y misericordioso,
lento a la ira y rico en clemencia;
Como un padre siente ternura por sus hijos,
siente el Señor ternura por sus fieles.**

**La misericordia del Señor dura por siempre
sobre los que lo temen.
Su justicia de generación en generación,
sobre los que guardan su alianza.**

Guía: El Señor es bueno y misericordioso.

Todos: El Señor es bueno y misericordioso.

Lectura bíblica

1 Corintios 13:4–13

Esta lectura es una de las opciones para la liturgia de su boda.

Lector: Palabra de Dios.

Todos: Te alabamos, Señor.

Reflexión:

La alegría del amor, 98, 99, 100 y 119 del papa Francisco

Silencio meditativo.

Preces

De pie.

Todos: Dios de amor, escucha nuestra oración.

Padrenuestro

Oración conclusiva

Cuando el guía finaliza la oración, todos responden "Amén". Luego se santiguan.

Despedida

Guía: Que tengamos juntos una reflexión fructífera y un día provechoso.

Todos: Demos gracias a Dios.

Oración de clausura

Todos de pie.

Canto *Amar es entregarse*

País: MÉXICO; English: TO LOVE; Letra y música: Tradicional.

Guía: En el nombre del Padre, y del Hijo, y del Espíritu Santo.

Todos: **Amén.**

Guía: Hermanos y hermanas,
alabemos a nuestro Señor Jesucristo,
que nos amó hasta entregarse por nosotros.

Todos: **Te alabamos Señor Jesús.**

Si el guía es sacerdote o diácono dice el saludo litúrgico:

Sacerdote/Diácono: Que la gracia y la paz de nuestro Señor Jesucristo,
que nos amó hasta entregarse por nosotros,
westé con todos ustedes.

Todos: **Y con tu espíritu.**

Indicaciones / Oración

Todos responden "Amén" a la oración inicial y se sientan para recitar el salmo.

Salmo

128:1–2, 3, 4–5ac y 6a

Todos recitan a una voz los versos del salmo y su antífona. Este salmo es una de las opciones para la liturgia nupcial.

Guía: Dichosos los que temen al Señor
y siguen sus caminos.

Todos: **Dichosos los que temen al Señor**
y siguen sus caminos.
Comerás del fruto de tu trabajo,
serás dichoso, te irá bien.

Tu mujer, como parra fecunda,
en medio de tu casa;
tus hijos, como renuevos de olivo,
alrededor de tu mesa.

Esta es la bendición del hombre
que teme al Señor.

Que el Señor te bendiga desde Sión,
que veas la prosperidad de Jerusalén
todos los días de tu vida

Todos: **Bienaventurados los que temen al Señor.**

Lectura bíblica

Romanos 15:1b–3a, 5–7, 13

Esta lectura es una de las opciones para la liturgia de la boda.

Lector: Palabra de Dios.

Todos: **Te alabamos, Señor.**

Reflexión

Gaudium et spes, 48

Preces

De pie.

Todos: **Guárdanos en tu amor por siempre, Señor.**

Bendición

Guía: Te alabamos, Señor,
porque has llamado a estas hijas e hijos tuyos
a unirse y a compartir su amor mutuamente.
Fortalece sus corazones
para que, con fe robusta y caridad solícita,
sean imagen de Cristo y la Iglesia para el mundo.
Por Cristo nuestro Señor.

Todos: **Amén.**

Indicaciones finales

Despedida

Guía: Que el Dios del amor y de la paz
que habita en ustedes,
dirija sus pasos y fortalezca sus corazones en su amor.

Todos: **Amén.**

Guía: Vayan todos en paz, a amar y servir al Señor en sus hermanos.

Todos: **Demos gracias a Dios**

Canto de despedida

Amar es entregarse

Materiales para el matrimonio y la familia

Recursos de LTP

Estos recursos le ayudarán a usted y a su futuro cónyuge a preparar la liturgia de su boda, reflexionar sobre el significado del sacramento matrimonial, cultivar una vida de oración y fortalecer el compromiso mutuo a lo largo de su vida juntos. Los siguientes recursos son publicados por Liturgy Training Publications, agencia de la Arquidiócesis de Chicago (www.LTP.org).

El amor nuestro y el sacramento del matrimonio, Chicago: LTP, 2014. Pensado para auxiliar en la preparación al matrimonio, este libro aborda varios temas importantes: el pasado, su historia familiar, su historia personal, las crisis humanas, deseos y su imagen del matrimonio. Busca fomentar un diálogo saludable en la pareja para que afronten los retos que les depara el futuro.

El sacramento de la reconciliación: *Encontrando la misericordia de Dios en su matrimonio*, Timothy P. O'Malley, Danielle A. Noe, Chicago: LTP, 2019. A las parejas que se preparan para el sacramento del matrimonio se les recomienda acudir al sacramento de la reconciliación. Estas dos páginas en formato PDF les ayuda a valorar el sacramento de la reconciliación y a redescubrir la misericordia de Dios en su matrimonio.

Unidos en Cristo: *Preparar la liturgia de la palabra para una boda católica*, Leisa Anslinger, Jennifer Kerr Breedlove, Charles A. Bobertz, et al., Chicago: LTP, 2019. Magnífica ayuda en forma de folleto para que la pareja prepare, junto con el personal de la parroquia, las lecturas bíblicas y las peticiones de la celebración nupcial.

Oraciones para parejas comprometidas, Austin Fleming, Chicago: LTP, 2018. Guía sumamente útil para quienes van a aprender a orar juntos, al tiempo que profundizan en el sacramento del matrimonio y su vida espiritual en la alianza que sellarán ante Dios y la Iglesia.

Para comprender los sacramentos de vocación: *Una perspectiva basada en sus ritos*, Randy Stice, Chicago: LTP, 2020. Este libro hace una presentación perspicaz y profunda sobre los sacramentos de la vocación cristiana —matrimonio y orden sacerdotal— a partir de las palabras, acciones y signos de sus ritos y su significado en la vida cristiana diaria.

Palabra de Dios: *Lecturas dominicales y reflexiones espirituales*, Chicago: LTP, anual. Se trata de una ayuda para ir entendiendo las lecturas bíblicas dominicales a lo largo del año litúrgico, tal y como las va leyendo la Iglesia en las asambleas semanales. También proporciona un sentido más profundo de la fe de la Iglesia y preguntas para impulsar al lector a que actúe con genuino espíritu cristiano. Se actualiza cada año.

Oraciones católicas del pueblo de Dios, Chicago: LTP, 2004. Compilación que contiene las oraciones básicas de los católicos. Es de gran ayuda para los que se inician en la fe, para enseñar a los pequeños, para la familia y para los que yaparticipan en programas de educación religiosa, catecúmenos, neófitos, y los que han sido y serán confirmados. Incluye las oraciones del Padrenuestro, la señal de la cruz, el Avemaría, el credo apostólico.

Las familias católicas celebran el domingo, Chicago: LTP, anual. Práctico librito que ofrece a los padres de familia una manera sencilla y accesible de integrar a la vida de la familia el Evangelio que se escucha en la misa dominical. Aquí encontrarán los padres una guía para meditar el evangelio, alentando la asistencia y participación de la familia en la misa dominical. Las preguntas para conversar antes de la misa y después ayudan a los niños a enfocarse e interesarse en la liturgia, y las sugerencias para actividades familiares reafirman la conexión entre el Evangelio y la vida cotidiana.

Sitios de internet para enriquecimiento matrimonial

Los siguientes sitios de internet ofrecen ayuda tanto de preparación al matrimonio como de apoyo y enriquecimiento a las parejas y familias que la requieran.

- Arquidiócesis de Chicago prove recursos y reflexiones para la preparación matrimonial: pvm.archchicago.org/lifelong-formation/marriage-and-family-ministries/
- https://www.helpourmarriage.org/es/
- http://www.marriageuniqueforareason.org/espanol/
- http://esp.wwme.org/
- http://www.mfccusa.net/
- https://www.aciprensa.com/recursos/familia-257

Sobre los métodos de planificación familiar

- Billings o de ovulación natural: https://learnNFPonline.com
- https://www.corazones.org/moral/billings/billings.htm
- https://www.youtube.com/watch?v=rywgIkdo3y4
- https://www.bing.com/videos/ search?q=programa+de+planificacion+familiar+billings&docid =608012960647152581&mid=B239F561FCC5F37EA480B239F561FCC5F37EA480&view=detail&FORM=VIRE
- Método Creighton: https://www.creightonmodel.com/
- Control de temperatura: https://ligadepareja.org/
- Método Marquette: https://www.mmnfp.com/en-espanol
- Método de Observación del muco cervical: https://www.mayoclinic.org/es-es/tests-procedures/cervical-mucus-method/about/pac-20393452